Stefan Zawilla

Frau Luther

Der Autor

Stefan Zawilla, Jahrgang 1974, wurde in der Rattenfängerstadt Hameln geboren. Seit seiner Jugend beschäftigt er sich mit dem Schreiben, zunächst der Lyrik, später wendet er sich „familienbedingt" dem Schauspiel zu. Er textet und bearbeitet die Stücke der Theatergruppe Didel-Dadel-Dum Junges Theater St. Magnus in Beber, deren Gründerin seine Frau Peggy ist. 2011 adaptiert er mit großem Erfolg den Roman Don Quijote als Komödie. Frau Luther ist sein erstes Drama, entstanden innerhalb von 15 Monaten und rechtzeitig fertiggestellt vor dem Jubiläumsjahr der Reformation in 2017.

Die Gruppe

Rund 30 Jugendliche und junge Erwachsene im Alter von 6 bis 60 Jahren bilden Didel-Dadel-Dum, das Junge Theater der Kirchengemeinde St. Magnus in Beber, gegründet 1999. Darunter sind begeisterte SchauspielerInnen, TänzerInnen sowie Techniker und HelferInnen, die jedes Jahr im Herbst ein abendfüllendes Stück auf die Bühne bringen. Für das Heimspiel in Beber wird eigens in die Mehrzweckhalle eine Bühne eingebaut.

Ausführliche Informationen über das Junge Theater erhalten Sie auf der Internetseite unter

www.didel-dadel-dum.de

MIX
Papier aus verantwortungsvollen Quellen
Paper from responsible sources
FSC® C105338

Bibliografische Information der Deutschen Nationalbibliothek: Die Deutsche Nationalbibliothek verzeichnet diese Publikation in der Deutschen Nationalbibliografie; detaillierte bibliografische Daten sind im Internet über dnb.dnb.de abrufbar.

© 2016 H.von Bugenhagen

Herstellung und Verlag:
BoD – Books on Demand, Norderstedt

ISBN: 9783741239403

Indische Rezepte

CONTENTS
Vorwort
Somesh Rao :
Sanjiv Singh :
Anerkennung::
Alphabetisches Zutaten:
Dies und das
Zwiebeln und Tomaten-Raita:
Boondhi Raita
Minze und Koriander Chutney
Brote 1
Chapati (Phulka)::
Paratha :
Stued Parathas:
Snacks
Bhel :
Bonda mit sofortigem zerdrückte Kartoffel:
Pakoras (Bohnenkraut Krapfen)
Dahi Vada (Bohnenkraut Bälle in Joghurt):
Upma :
Gemüse Pu:
Gemüse
Gobi Aloo (Cauliower und Kartoffeln):
Chole \Bill und Jim"(Kichererbsen):
INHALT
Masaledar Sem (pikante grüne Bohnen):
Gemüse Kurma::
Gemüse Curry:
grünem Pfeffer Curry::
trockene Kartoffeln (Sookha Aloo)
Okra (Bhindi)

Paneer (Käse):
Mattar Paneer (Erbsen & Käse)
Navrathna Kurma
Cauliower und Kartoffeln (Aloo Gobi)
Curry Aubergine (Bhartha)
Curry Pilze:
Linsen
Sambhar
Masur Dal (Linsen)
Mah Ki Dal (ganze schwarze Bohnen):
Rote Kidneybohnen (Rajma)
Curry Garbanzo Bohnen
Reis
Huhn Pullao:
südindische Pullav (Reis)
pflanzliche Pullav
Saron Reis (Kesar Chawal):
Navrattan Pullao (neun Jeweled Reis):
Fische
Garnelen (Shrimps) Curry:
Koriander-Fisch (Bharia Machli):
Chicken
Mughlai-Huhn mit Mandeln:
Malai Huhn:
Chicken Curry indische Nordart
Chicken Curry (Murga)
Tandoori Huhn:
Lamm und Rind
Lamm Vindaloo
Ei gekocht mit Fleisch und Fried (Nargisi Kofta):
Pork Curry
Shahi Korma (Mutton Curry):
Desserts und andere Goodies

Kheer (Fadennudeln Pudding)
Reis Mehl Pudding:
Besan Bur
Kheer :
Gulab Jamuns (einfache Methode):
Suji Halva (Grieß Halva)
Sewian (Vermicelli):
Karotten-Halva
Rasgoola
Mango Eis:

VORWORT

Alphabetische Zutaten
Die meisten Zutaten sind am Lebensmittelgeschäfte oder Supermärkten erhältlich.Einige, jedoch sind etwas Besonderes und haben von den indischen Geschäften eingeholt werden.Ersatz können das Zeichen des Tellers ändern. Es ist besserAuslassen einerZutat, wenn nicht als Ersatz für sie verfügbar. Wenn ganze Gewürz nicht ist zur Verfügung, Sie können das Boden-Formular verwenden, aber der Boden ist weniger scharf.Name indianischer Name Beschreibung Asant Hing getrocknet Gum Harz aus dem Stammverzeichnis von various Iranische und ostindischen Pflanzen. Hat einen starken stinkende Odor|denitely gewöhnungsbedürftig.Können bezogen werden.Besan Besan Mehl aus getrockneten Kichererbsen.Kardamom Elaichi getrocknete Früchte einer Pflanze.Vor allem die Samen dienen.
Samen der 4 Hülsen messen etwa 14 t.
Koriander Dhania aromatisches Kraut aus der Familie der Petersilie. Als verkauft Koriander oder Petersilie Chinesisch. Auch verkauft als Samen oder Löschpulver.Kreuzkümmel Jeera sehr aromatisch und

erinnert. Verkaufsvollständiges oder Boden.Dals Dal Hindi-Namen für alle Mitglieder von der Hülsenfrucht oder Puls-Familie. Gebräuchlich sind: Arhar, Channa, Masur, Mung, Schamlippen (Eyed Peas), Rajma (rote Bohnen).

ZUTATEN

Fenchel Samen Sauf hat einen angenehmen Geruch und Süßholz Avor.

Zur Verfügung ganz oder gemahlen.

Bockshornklee Methi hat eine angenehme bittere Avor und süßlichen Geruch.

Garam Masala Garam Masala A Mischung von Gewürzen; Details kommen später.

Chat Masala Chat Masala A Variation von Garam masala

In indischen Läden erhältlich.

Butterschmalz-Fett zum Braten. Reine Butterschmalz ist claried Butter.

Senföl Larson Pungent Öl aus schwarze Senfkörner hergestellt.

Minze Pudina aromatische Kraut. Frische und getrocknete Blätter sind

die Herstellung von Chutneys verwendet. Getrocknet Blätter sind viel weniger als die frisch duftenden Einsen.

Granatapfel-Anar Dana A-Avoring-Agent. Hat einige Duft.

Saron Kesar hergestellt aus Narben von einem Ower in angebaut

Kaschmir und Spanien. Es ist aromatisch und Renditen

eine gelbe Farbe.

Kurkuma Haldi eine aromatische pulverisierte Wurzel.

Als eine Avoring verwendet
und für Avoring Currys.
Garam Masala zu machen: (etwa 1 1
2 Tassen)
Menge Zutat
3-5" Stücke Zimt stick
1 c (?) Grüner Kardamom Schoten
2 c Kreuzkümmel Samen
2 c schwarze Pfefferkörner
2 c Nelken
2 c Koriandersamen
Verfahren:
Trocknen Sie die Zutaten im Ofen. Lassen Sie sich
nicht von ihnen bräunen. Entfernen Sie die
Samen aus den Hülsen Kardamom. Pfund Zimt steckt
in kleinere Stücke.
Kombinieren Sie Zutaten, bis sie gut vermischt und
mit hoher Geschwindigkeit für Mischung
2-3 Minuten, bis Sie vollständig pulverisiert (Zeile
fehlt, das Rezept scheint
vollständiger, aber wie das Original zu sein hatte ich es
bleiben lassen bin.)

Dies und das

3.1 Zwiebeln und Tomaten-Raita
4-6 Portionen
Menge Zutat
8 Unzen Joghurt (normal)
1 kleine Zwiebel
2 t Salz
1 kleine Tomate
2 t Chat Masala (optional)
2 t schwarzer Pfeffer (gemahlen)
4 c Milch

1. beat Joghurt und Milch glatt rühren.
2. hacken Sie Zwiebeln und Tomaten und Joghurt hinzufügen.
3. Fügen Sie Salz und Pfeffer bestreuen Sie den Chat Masala und servieren.

3.2 Boondhi Raita

Menge Zutat
4 c Besan
2 c Wasser
Butterschmalz zum Braten
nach Geschmack Salz
nach Geschmack Pfeffer
nach Geschmack Chat Masala
2 c Joghurt
4 c Milch

1. machen Sie eine Gießen Paste der Besan und Wasser.
2. Wärme Ghee und Drop einfügen hinein durch eine geschlitzte Löffel zu wenig
Tropfen, fallen eine zu einem Zeitpunkt (das sind Boondhi).
3. entfernen Sie die Tropfen, wenn goldbraun und Trocknen auf Papier, Handtuch
zusätzliches Öl zu entfernen.
4. die Tropfen in warmem Wasser einweichen.
5. Fügen Sie Milch, Salz, Pfeffer, sowie Joghurt Chat Masala hinzu.
6. Drücken Sie Wasser aus Boondhi und Joghurt hinzufügen.

3.3 Minze und Koriander-Chutney

Menge Zutat
1 Bund Koriander Blätter
1 Bund Minze

1 grüne chili
1 Unze kernlose tamarind
1 TL Salz
4 T-Wasser
1 mittelgroße Zwiebel
1. Waschen Sie und Einweichen Sie Tamarinde in Wasser für 1
2 Stunden.
2. Reinigen Sie, nehmen Sie und waschen Sie Koriander und Minze.
3. die Tamarinde Zellstoff trennen und das Fruchtfleisch auspressen.
4. Schleifen Sie, Minze, Koriander, grüne Chili und Zwiebel in eine Ne-Paste.
5. die Tamarinde Zellstoff und Salz hinzufügen.
3.3. MINZE UND KORIANDER CHUTNEY 13
6. Mischung gut. In einem luftdichten Glas kann dies bis zu einem kühl aufbewahrt werden
Woche.

BROT

4.1 Chapati (Phulka)
für 4, 1 oder 2 dienen
Menge Zutat
1 c Vollkornbrot unsere (oder 1
3 Weiss + 2
3 Vollkornbrot)
2 c Wasser
1. setzen Sie unsere in einer großen Schüssel mit halb Wasser.
(2) verschmelzen Sie die beiden zusammen bis es hält.
3. schlagen Sie und kneten Sie, bis eine kompakte Kugel bildet.
4. kneten Sie Teig, bis er glatt und elastisch ist.

5. für 30 Minuten beiseite stellen.
6. kneten und Teig in 4-6 Teile aufteilen.
7. roll jede Kugel in eine Tortilla wie bei ca. 1
8" Dick.
8. Erhitzen Sie eine ungefettete Pfanne.
9. setzen Sie Phulka auf sie, und lassen Sie es ca. 1
Minute lang kochen (oben sollte
Starten Sie einfach trocken Aussehen und kleine
Bläschen dürften gerade Form).
10. Drehen und die zweite Seite für 2 Kochen
3 Minuten bis kleine Blasen bilden.
11. Schalten Sie wieder ein und Kochen der Rst-Seite
mit einem Handtuch leicht gedrückt. Es
sollten Sie Pu. Servieren Sie warm (vielleicht etwas
buttered).
Hinweis: Da die gerollte heraus Chappati out Wenn
Trocknen wird sie bleibt stehen
beim Kochen die anderen, ist es vorteilhaft, die einzeln
Ausrollen
vor dem Kochen sie.

Paratha

Menge Zutat
1 c Vollkornbrot unserer
Butterschmalz
Wasser

1. machen Sie Chappati Teig.
2. in 6 Teile teilen und Kugeln zu machen.
3. glätten Sie und Rollen Sie jedes.
4. Butterschmalz über sie zu verbreiten und Falten.
5. Rollen Sie wieder.
6. Hitze Paratha auf einem Backblech wie Sie würde
ein Chappati, sondern verbreiten
Einige Butterschmalz über der Oberseite. Schalten und

Butterschmalz auf der anderen Seite zu verbreiten. Braten Sie, bis die Unterseite knusprig und golden, ist dann wenden Sie und braten Sie die bleiben-
Ing-Seite.
7. Wiederholen Sie mit allen sechs.
(8) dienen Sie gleichzeitig, da sie Schärfe verlieren, wenn gespeichert.
4.3 Stued Parathas
Machen Sie Teig für regelmäßige Chappati.
Füllungen
1. Kartoffel-
Kartoffeln kochen, zerdrücken, Salz und Chili nach Geschmack hinzufügen. Hinzufügen von Garam Masala
und Mango Pulver.

GEFÜLLTE PARATHAS

2. Rettich-
Eine große Diakon Rettich reiben, mit Salz und lassen für 1
2 Stunden. Squeeze
Fügen Sie alle das Wasser geriebene Ingwer, Chili und Granatapfel Samen.
3. Cauliower-
Cauliower reiben, Garam Masala, Salz, Pfeffer und Knoblauch hinzufügen.
Methode
1. roll-out 2 kleine Chappati. Lichen auf eins, Cover mit dem zweiten zu platzieren,
Versiegeln von Kanten und Kochen wie für Parathas.

Imbisse

Bhel
Dies ist eine Zubereitung, die ich häufig von Straßenhändlern in Indien gekauft. Mein

Mund Stille Wasser wann immer mir Bhel. Das hier vorgestellte Rezept wurde
o genommen habe nicht im Netz, und ich eine Chance, es zu versuchen noch gehabt. Ich auch den Hinweis
von den Mitwirkenden:
Warnung: Dieses Rezept ist an diejenigen gerichtet, welche Bhelpuri wissen
schmeckt wie, erwähnte Mengen sind ungefähre Angaben, sind die Proportionen
Geschmack des Lesers überlassen. Puristen müssen zu einem indischen gehen
Geschäft. Abweichler dürfen Ersatzstoffe verwenden. Die meisten Im-
Portant Sache soll die Pued-Reis-Sev-Mischung von knackig halten nicht
die restlichen Zutaten hinzufügen darauf, bis es serviert wird. Dies sollte
auf dem Teller getan werden.
Menge Zutat
PUED Rice (1 Karton à Rice Krispies kann verwendet werden)
1 Päckchen Bhel Mix oder Sev
2 Tassen gekochte Kartoffeln (grob püriert und dann gesalzen) Kartoffelpüree
2 Tasse frischer Koriander gehackt verlässt (aka chinesische Petersilie)
3 EL frisch gerösteter und gemahlener Kreuzkümmel
Grüne Paprikas zu probieren
1-2 EL frisch gemahlener schwarzer Pfeffer
nach Geschmack Tamarind
Geschmack Jaggery (oder brauner Zucker)
1 Tasse gehackt Zwiebeln.

Methode
1. zuerst die Kartoffeln kochen, zerdrücken sie sie Salz und Pfeffer nach Geschmack hinzufügen.
Fügen Sie auch einige Koriander-Blätter.
2. braten Sie der Kümmel und Schleifen sie.
3. man löst etwa 4 El Tamarinde Konzentrat in 1 Tasse heißes Wasser,
und lassen Sie es köcheln lassen und allmählich verdicken. Auflösen der Jaggery (oder Zucker) bis die Sauce Herb und leicht süßlich wird. (Sie können einige hinzufügen
Salz und gemahlener roter Paprika, falls gewünscht.) Die Sauce sollte sein
eine Konsistenz etwas dünner als Ahornsirup. Gießen Sie in eine Portion
Container (wie ein Gießer). Mix das Pued Reis und Sev/Bhel-in Mischung eine
große Schüssel geben.
4. auf einem Teller servieren die Reis-Bhel-Mischung, die Kartoffeln beifügen, dann den
Zwiebeln, Chili und dann Staub Kreuzkümmel Pulver drüber. Als nächstes Gießen
Soße und oben mit dem Koriander garnieren. (Fügen Sie Salz/Pfeffer
Geschmack).
5. Mischen Sie die Zutaten auf dem Teller und Essen.
5.2 Bonda mit Instant Kartoffelpüree, Kartoffel
Dieses Rezept wurde von Saranya Mandavas Buch über indische Küche genommen.
Menge Zutat
1 mittelgroße Zwiebel
2 Tassen Kartoffel Knospen
1 und 1

2 Tasse Erbsen und Möhren
2 große, grüne Chilis
1 Teelöffel Zitronensaft
1 Tasse Gramm unserer
2 Teelöffel Senfkörner
Prise Kurkuma
2 Teelöffel Backpulver
4" Stück Ingwer
1 Bund Blätter Koriander
2 Teelöffel Salz

PAKORAS (BOHNENKRAUT KRAPFEN)

Öl

Methode - ist die Füllung wie folgt vorbereitet:

1. Mischen Sie Kartoffel Knospen und 1
2 Teelöffel Salz mit 1 Tasse heißes Wasser.
(2) hacken Sie fein, Zwiebel, Ingwer, Chili und Koriander Blätter.
3. Öl (ca. 5 El) Erhitzen und die Senfkörner hinzufügen.
4. Fügen Sie gehackte Zutaten hinzu und braten Sie, bis die Zwiebeln braun sind.
5. Fügen Sie Karotten, Erbsen, Kurkuma und 1 TL Salz und Kochen auf kleiner Flamme für etwa 10 Minuten.
6. Fügen Sie die Kartoffel (jetzt püriert) und 5 Minuten braten.
7. vom Herd nehmen, Zitronensaft hinzufügen und abkühlen lassen.

Methode - ist der Teig wie folgt vorbereitet:

1. kombinieren Gramm unsere, 3 EL Öl, 3
4 Tasse Wasser, 1
2 TL Salz, die Bäckerei
Pulver und mischen

2. Nachdem der Teig vorbereitet ist, machen Sie kleine Kugeln aus dem Flotten- und roll
Sie in den Teig. Als nächstes braten Sie es in heißem Öl. Sie erhalten über 20-30
kleine Bondas.

Pakoras (Bohnenkraut Krapfen)
Menge Zutat
Teig:
2 c Besan
5 Unzen warmem Wasser
4 t-Paprika
4 t Salz
2 t Garam Masala
Paprika (optional)
Gemüse:
1 kleine Zwiebel
1 Kartoffel
Ein paar Spinatblätter
Öl für Frittieren
Methode
1. in einer Schüssel setzen Sie, der Besan und halb Wasser, und rühren Sie, bis es wird
einen dicken Teig. Schlagen Sie hart für 5 Minuten. Fügen Sie nach und nach den Rest der
Wasser, und 30 Minuten Quellen lassen. Salz, Pfeffer und Garam
Masala und Beat wieder.
2. Waschen Sie schälen und schneiden Sie, die Zwiebeln und Kartoffeln.
3. Waschen und pat trocknen die Spinatblätter.
4. Erhitzen Sie Öl, bis Rauchen heiß, Tauchen Sie das Gemüse in den Teig und tief
Braten Sie, bis sie goldbraun sind.

5. heiß servieren.

5.4 Dahi Vada (Bohnenkraut Bälle in Joghurt)

Menge Zutat
2 c Urad dal
2 Moong dal
1 c Joghurt
Um (Kreuzkümmel und Paprika) Geschmack würzen
Öl zum Braten
4 c Milch

Methode

1. dal reinigen, Waschen und für 4 Stunden in Wasser einweichen.
(2) im Mixer mit mittlerer Geschwindigkeit die Mindestmenge an Wasser mischen
benötigt, um zu halten einfügen frei bewegen.
3. Fügen Sie Salz und Start Heizöl.
4. löschen Sie Löffel Teig in das heiße Öl mit einem großen Esslöffel. Fry
bis sie goldbraun sind.

UPMA

5 Tropfen Sie in Wasser. Lassen Sie bis bereit zu dienen.
6. schlagen Sie Joghurt mit Milch. Gewürze nach Geschmack hinzufügen. Squeeze-out
Wasser aus der Vada und Joghurt hinzufügen. Dienen.

5.5 Upma

Rezept von Sriram, 1985

Dies ist ein Frühstück-Gericht im südlichen Teil von Indien. Zutaten

Menge Zutat
1 Tasse Sahne Weizen
1 Zwiebel schneiden
1 Teelöffel Salz

4 Teelöffel Senf Samen
8 Teelöffel Urad dal
1 Cashew-Nuss
4 Zitronen
2 Tasse Erbsen
1 Zehe Knoblauch
1/10" Stück Ingwer
1 grüne Chili in kleine Stücke schneiden.
Methode
1. Creme Weizen auf einer trockenen Pfanne 5 Minuten braten und beiseite stellen.
2. setzen Sie zwei Esslöffel Öl in einer Pfanne und Wärme.
3. Senfkörner, Urad dal, Cashewnut und Knoblauchzehe hinzufügen. Warten Sie, bis Senfkörner aufhören aufteilen.
4. Fügen Sie die Zwiebeln, Chili und Ingwer und braten Sie, bis die Zwiebel braun dreht.
5. Fügen Sie Creme von Weizen und Braten für 3-5 Minuten.
6. Fügen Sie Salz und Erbsen.
7. zwei Tassen kochendes Wasser hinzufügen und 2 Minuten rühren. (Schalter o der
Herd, sobald das Wasser gegossen wird.)
(8) decken Sie das Schiff für 4 Minuten. Fügen Sie Kalk bei Bedarf hinzu.

Gemüse Pu
12 Eiter
Dies ist eine lokale Spezialität von Karnataka.
Menge Zutat
1 gebrauchsfertige Gebäck Roll (Pepperidge landwirtschaftliche Betriebe)
Gemischtes Gemüse. (Kartoffeln, Erbsen zugesetzt

werden)
nach Geschmack Masala
Grüne Chilis
nach Geschmack Salz
Methode
1. Kochen Sie Gemüse-Mix mit Kartoffeln, Erbsen, grüne Chilis und viele
Masala. Überprüfen Sie für Salz, bevor Sie Stu es in der Konditorei-Roll; Auf keinen Fall
um es später zu korrigieren.
(2) tauen Sie die Rolle für ca. 10 Minuten vor der Entfaltung.
3. Nachdem die Gebäck-Roll aufgetaut hat, öffnen Sie es heraus auf einen am Bogen und Rollen es
mit einem Pin zu machen, ein wenig dünner. Jetzt wäre das Gebäck-Blatt
etwa 12 "x 12".
4. Schneiden Sie das Blatt in 6 Stücke.
5. setzen Sie etwa 2-3 Esslöffel des gekochten Gemüses auf den Bogen und Falten
es um ihn herum. Versiegeln Sie alle Ecken, durch die Blätter zusammen drücken und
ein wenig Wasser anwenden.
6. Stecke sie in einen vorgeheizten Ofen (350 F) für ca. 20-30 Minuten oder
bis es browns. Stellen Sie sicher, dass Sie Ip es um alle 5-10 Minuten.

KAPITEL 11

Gemüse
6.1 Gobi Aloo (Cauliower und Kartoffeln)
Dies ist mein eigenes Rezept.
Dieses Rezept belebt die gewöhnlichen Cauliower und Kartoffeln in etwas

ganz verschiedene. Das Rezept hier gezeigt hat, die nicht erforderlich sind (wie Gewürze
Nelken und Kardamom) oder zumindest das ist nicht, wie Mama es zu Hause gemacht
jedoch fügt es eine nette Geste.
Menge Zutat
1 große cauliower
3 mittelgroße Kartoffeln
2 große Zwiebeln in dünne Scheiben geschnitten in lange Scheiben
1 Teelöffel Senf Samen
2 oder 3 Hülsen Kardamom
1 Teelöffel Koriander
1 Teelöffel Kümmel
2 TL Kurkuma
1 Bayleaf
3 Knoblauchzehen
3 Esslöffel Pflanzenöl
Methode
1. Starten Sie die Kartoffeln in einem Topf kochen. Lassen Sie sie für mindestens 15 Kochen
Minuten. Wenn sie fertig sind, o die Hitze und lassen sie sich
das Wasser.

KAPITEL 12. GEMÜSE

2. Schnitt der Cauliower in kleinen Imbiss große Stücke (etwa 1" Würfel),
Wegwerfen von die meisten der Stücke Vorbau. Waschen Sie und abtropfen lassen Sie, in eine Collander.
3. während die Kartoffeln kochen, erhitzen Sie das Öl in einer großen Pfanne, bis es
ist sehr heiß. Fügen Sie die Senfkörner und warten Sie,

bis sie wieder beginnen.
Fügen Sie hinzu, Lorbeer, Kardamom und Nelken.
4. Mischen Sie herum für eine Weile und dann die fügen Sie Zwiebeln hinzu. Warten Sie, bis die Zwiebel beginnt
zu schalten, bevor der Rest der Gewürze (außer Kurkuma) hinzufügen.
5. setzen Sie die Cauliower in die Pfanne und Braten in das Öl und die Gewürze für 2
Minuten. Während der Cauliower Braten ist, schneiden Sie die Kartoffeln in Biss
Größe der Stücke und die Pfanne hinzufügen. Kurkuma und rühren.
6. weiter rühren das Gemüse unter mittlerer Hitze noch ein paar
von Minuten. Fügen Sie 1
2 Tasse Wasser und reduziert die Hitze auf niedrig. Pfanne abdecken
und 5 Minuten kochen lassen.
7. Überprüfen Sie Zärtlichkeit von Gemüse. Wenn sie noch zu hart sind, fügen Sie ein anderes
4 Tasse Wasser und Abdeckung wieder für 5 Minuten.
8. Salz abschmecken und servieren.

6.2 Chole \Bill und Jim"(Kichererbsen)

Dieses Rezept ist nach Bill Chiles und Jim Muller davon mochte benannt.
Mein Gebräu gut genug, dass ich dies viel zu kochen begann. Dies ist eine echte
einfache Weise, Kichererbsen machen. Es braucht kaum 15 Minuten und das Ergebnis
ist ganz köstlich. Bitten Sie Jim und Rechnung.

Menge Zutat
1 Dose Kichererbsen (auch genannt Knochenhecht-

Banzo Bohnen) (Progresso ist ein
gute Marke.)
1 große Zwiebel gehackt nely
2 mittelgroße Kartoffeln (optional)
1 Teelöffel Senf Samen
2 oder 3 Hülsen Kardamom
1 Teelöffel Koriander
1 Teelöffel Kümmel
1 El Garam Masala
 MASALEDAR SEM (PIKANTE GRÜNE BOHNEN) 27
Pflanzenöl

Methode

1. Wenn Sie die Kartoffeln verwenden, starten sie in einem Topf kochen. Lassen Sie
Sie kochen für mindestens 15 Minuten. Wenn sie fertig sind, drehen o der
Wärme und lassen Sie sie im Wasser stehen.
2. während die Kartoffeln kochen, erhitzen Sie das Öl in einer großen Pfanne, bis es
ist sehr heiß. Fügen Sie die Senfkörner und warten Sie, bis sie wieder beginnen.
Fügen Sie hinzu, Lorbeer, Kardamom und Nelken.
3. Mischen Sie herum für eine Weile und dann die fügen Sie Zwiebeln hinzu. Waituntill Zwiebel
beginnt zu golden drehen, bevor Sie den Rest der Gewürze (außer für hinzufügen
Garam Masala).
4. Fügen Sie Kichererbsen mit der Flüssigkeit. Schneiden Sie die Kartoffeln in mundgerechte
Stück und erhöhe die Pfanne. Garam Masala hinzufügen.
5. weiter rühren die Kichererbsen unter mittlerer Hitze

5-7 Minuten
ohne Abdeckung.
6. Überprüfen Sie die Zärtlichkeit der Kartoffeln. Wenn sie noch zu hart sind, hinzufügen
ein weiterer 1
4 Tasse Wasser und ein paar Minuten kochen.
(7) Salz abschmecken und servieren.
6.3 Masaledar Sem (pikante grüne Bohnen)
Dient 6
Dieses Rezept ist meist Madhur Jarey der, obwohl ich nicht, um folgen die
Brief, wenn ich nicht mehr kochen. Ich mag die Bohnen ein wenig knuspriger als dienen
Sie würden Nd in eine indische Heimat, so dass ich es nicht so viel am Ende zu kochen. Es
Denitely garantiert, dass Experimente. Dieses Rezept wird garantiert aufpeppen
eine ordentliche Mahlzeit. Es auch gut geht mit Reis und Fleisch oder Huhn, die
einfach vorbereitet.
Menge Zutat
2 Pfund grüne Bohnen (Schneiden Sie die Enden und dann die Bohnen halbiert
kreuzweise.)

KAPITEL 13.

GEMÜSE
2" lang und frischer Ingwer (schälen und Hacken grob.)
1" dickes Stück
10 Zehen Knoblauch, geschält
1 Tasse Wasser
4 Esslöffel Pflanzenöl
3 Teelöffel ganze Kümmel

2 Teelöffel Koriandersamen Boden
2 mittelgroße Tomaten, geschält (legte Toma-
Zehen in sehr heißes Wasser für ein paar
Sekunden, schälen der Haut o und
Nely Chop.)
nach Geschmack Salz
Frisch gemahlener Pfeffer
3 Esslöffel Zitronensaft (oder nach Geschmack)

Methode

1. Ingwer und Knoblauch in einer Küchenmaschine und addiert 1
2 Tasse Wasser. Mischung
bis ziemlich glatt.
2. Erhitzen Sie das Öl in einem großen, schweren Topf über eine mittlere Ame. Wann
heiß, legte in der Kümmel. Eine halbe Minute rühren.
3. Gießen Sie die Ingwer-Knoblauch-Paste. Umrühren und Kochen für ca. zwei Minuten.
In der Koriander und umrühren Sie ein paar Mal.
4. setzen Sie die gehackten Tomaten. Rühren und 2 Minuten kochen, während Maische-
die Tomate mit der Rückseite eines Löffels geschlitzte Stück Ing.
5. setzen Sie die Bohnen und Salz und eine Tasse Wasser und Kochen sie.
6. decken, dann Hitze zu gering und für 8 bis 10 Minuten oder bis die Bohnen kochen
sind zart.
7. entfernen Sie die Abdeckung. Fügen Sie den Zitronensaft und eine großzügige Menge von
frisch gemahlener Pfeffer.
8. Schalten Sie die Hitze und Kochen entfernt die verbleibende Flüssigkeit, die Bohnen rühren

sanft, wie Sie dies tun.

6.4. GEMÜSE KURMA 29

6.4 Gemüse Kurma

Dieses Rezept von Sriram

Menge Zutat

2 Tassen Gemüse
2 Zwiebeln längs geschnitten
2 grüne Chilischoten längs geschnitten
1 TL Koriander Pulver
1 und 1
4 Teelöffel Salz
eine Prise Kurkuma Pulver
2" Zimtstange
2 Knoblauchzehen
2 Kardamom
2 Esslöffel Kokos Pulver
1 Teelöffel Khus-Khus (Mohn)
4 Teelöffel (3 Zehen) Knoblauch
4 Teelöffel Pulver (oder 1
2" FresGhi)

1. Legen Sie eine angemessene Größe Schiff auf das Spektrum und Wärme Öl.
2. Hinzufügen von Zimt, Nelken und Kardamom und Braten für 2-3 Minuten.
3. Fügen Sie Zwiebeln und grünen Chilis und Braten bis Zwiebeln bräunen.
4. Fügen Sie Knoblauch + Ingwer Paste und Braten für eine Minute oder so.
5. Fügen Sie Gemüse und Braten für ca. 3 Minuten.
6. Fügen Sie Wasser (etwa einer Tasse oder zwei).
7. lassen Sie das Gemüse + Kurkuma Pulver kochen.
(8) bei Verwendung von Dosen oder gefroren überspringen Gemüse den obigen Schritt.

9. Fügen Sie Kokosnuss Paste, Khus Khus, Salz und warten Sie, bis gekocht. (Hinweis: Cook
bei schwacher Hitze.)

KAPITEL 14. GEMÜSE

6.5 Gemüse Curry

Rezept von Sriram, 1985

Menge Zutat

1 Tasse Gemüse

2 TL Koriander Pulver

4 Teelöffel Chilipulver

4 Teelöffel Knoblauchpulver

1 Teelöffel Salz

1 große Zwiebel

2 Teelöffel Senf Samen

8 Teelöffel Urad Dal

2 Tasse Tomaten zerkleinert

Methode

1. Mischen Sie den Knoblauch, Koriander und Chili-Pulver zusammen mit Salz und platzieren
es beiseite.
2. Gießen Sie ca. 2 Esslöffel Öl in einer Pfanne und Hitze.
3. Fügen Sie Senfkörner und Urad dal. Die Senfkörner werden aufgeteilt und
die Ölpest könnte. Seien Sie vorsichtig, wenn Sie dies tun. Warten Sie, bis die
Senfkörner aufhören, jedes Geräusch.
4. Fügen Sie Zwiebeln hinzu und braten Sie, bis die Zwiebeln bräunen.
5. das Gemüse, die Mischung aus Schritt 1 und die zerdrückten Tomaten hinzufügen.
6. Braten für ca. 5 Minuten, bei Verwendung von Gemüsekonserven. Ansonsten

bedecken Sie die Pfanne und lassen Sie das Gemüse zu kochen. (Dies kann etwa 10 - dauern 15 min.)

6.6 grünem Pfeffer Curry

Dieses Rezept von Sriram

6.7. TROCKENE KARTOFFELN (SOOKHA ALOO) 31

Menge Zutat

2 große, grüne Paprika
4 Teelöffel Chilipulver
8 Teelöffel Kurkuma Pulver
2 Teelöffel Dhania Pulver
1 Esslöffel Kokos akes
1 Teelöffel Khus Khus (Mohn)
1 Bund Blätter frischer Koriander
2 kleine Tomaten
2 Zwiebeln
2 Esslöffel Öl
1 kleines Stück Vadiuma
4 Teelöffel Salz

aVadium ist eine Kombination aus verschiedenen Gewürzen.

Methode

1. Schneiden Sie die Paprika, Zwiebeln und Tomaten längs.
2. Schleifen Sie-Chilipulver, Kurkuma, Dhania Pulver, Kokos und Mohn-Samen.
3. Öl erhitzen und Vanadium hinzufügen.
4. wenn Vanadium braun leuchtet, fügen Sie Zwiebeln und Braten für 4 Minuten hinzu.
5. Fügen Sie Tomaten und Braten für 2 Minuten.
6. Fügen Sie grüner Pfeffer und Masala.
7. Fügen Sie Koriander Blätter.

8. Kochen Sie bei schwacher Hitze (dauert etwa 15 Minuten).

6.7 trockene Kartoffeln (Sookha Aloo)

4-6 Portionen

Menge Zutat

4 mittelgroße Kartoffeln

2 t-Kümmel

KAPITEL 15. GEMÜSE

1 t Salz

2 t Mango Pulver

4 t-Paprika

2 t Garam Masala

Öl (in ll Pfanne bis 2")

Methode

1. Kochen Sie die Kartoffeln erst gekocht, aber nicht übertrieben.

(2) schälen und in 1 schneiden

2" Würfel.

3. Öl sehr heiß erhitzen, hinzufügen und braun Kümmel.

4. Fügen Sie Kartoffeln und braten Sie, bis sie goldbraun sind. Fügen Sie die restlichen Zutaten und für mindestens 2-3 Minuten braten. Entfernen von Öl mit einer

geschlitzte Löffel.

5. heiß servieren.

Tipps: Verwenden Sie genug Öl, so dass die Kartoffeln nicht oft gerührt werden müssen.

Dadurch wird vermieden, oben zu brechen.

6.8 Okra (Bhindi)

Dient 6

Menge Zutat

1 lb Gimbo

2 kleine Zwiebeln
2 kleine Tomaten
4 t Kurkuma
nach Geschmack Salz
Roter Pfeffer (optional)
Öl zum Braten
Methode
1. Waschen Sie Gimbo und trocknen Sie sie gründlich.
6.9. PANEER (KÄSE) 33
2. Schneiden Sie o die Köpfe, und schneiden Sie in kleine Kreise.
3. hacken Sie die Zwiebeln und Tomaten separat.
4. tief braten Sie Gimbo bis sehr braun.
5. vom Herd nehmen und beiseite stellen. Etwas Öl ausgießen.
6. Fügen Sie Kurkuma um Öl zu heiß. Fügen Sie die Zwiebeln und Braten, bis sie goldbraun sind.
7. Fügen Sie die gebratene Okra, Salz, Pfeffer und Tomaten.
(8) decken und backen bei 250 F
für 15 Minuten.

6.9 Paneer (Käse)

Menge Zutat
2 Pint Milch
2 t Weißweinessig und
2 t Zitronensaft oder
1 c Joghurt
Methode
1. Erwärmen Sie Milch und ständig rühren Sie, um zu verhindern, dass sich eine Schicht Sahne bilden
auf der Oberseite.
2. entfernen Sie vom Herd nehmen, wenn es kocht und weißen Essig langsam hinzufügen und

Zitronensaft oder Joghurt. Dies sauer Milch.
3. Belastung durch ein Musselin Tuch oder eine zweilagige Käse Tuch und
squeeze-out die Molke (flüssig).
4. Hang zu Tropfen trocken für 2-3 Stunden (oder über Nacht). Da legte der Käse
in einem Rechteck in ein Fach und Ort ein Gewicht (die mehr das bessere, aber
mindestens 10 lbs) drauf für 3
4 Stunden.
5. in welcher Form Sie wie schneiden.

KAPITEL 16. GEMÜSE

6.10 Mattar Paneer (Erbsen & Käse)

Menge Zutat

2 Zwiebeln

2 Tomaten

4 Zehen Knoblauch

2 Päckchen gefrorene Erbsen

1" Würfel Ginger

4 t Kurkuma

nach Geschmack Salz

nach Geschmack Pfeffer

2 t Garam Masala

2 c Wasser

Methode

1. Schneiden Sie Paneer in 1" Cubes und Frittieren.
2. Stellen Sie Masala mit Zwiebel, Knoblauch, Ingwer und Tomaten.
3. Saison und Kurkuma hinzufügen.
4. Fügen Sie Erbsen und Paneer.

6.11 Navrathna Kurma

Dient 6

Menge Zutat

100 Gramm Paneer (oder Quark)
2 Teetassen gemischtes Gekochtes Gemüse (Karotten, Bohnen, Erbsen, Kartoffeln)
3 Tomaten
2 Zwiebeln
1 t Ingwer und Knoblauch-paste
2 t-Chili-Pulver
2 t Kurkuma Pulver
2 t Koriander Pulver
1 t Garam Masala
1 Tasse Milch

6.12. BLUMENKOHL UND KARTOFFELN (ALOO GOBI) 35

3 t Frische Sahne
3 t Ghee
nach Geschmack Salz
Butterschmalz für Frittieren

Methode

1. reiben Sie die Zwiebeln.
2. setzen Sie die Tomaten in heißem Wasser. Nach 10 Minuten o Haut nehmen und hacken.
3. Schneiden Sie die Paneer in kleine Stücke und Frittieren in Butterschmalz.
4. Öl in ein Gefäß erhitzen und die Zwiebeln ein paar Minuten braten.
5. die Ingwer und Knoblauch-Paste hinzufügen und Braten für 1 2 Minuten.
6. Fügen Sie die gehackte Tomaten, Kurkuma Pulver, Koriander-Pulver und Chilipulver, Garam Masala und Salz. Mindestens 3-4 Minuten braten.

7. Fügen Sie die gekochtes Gemüse, Milch, Sahne und gebratenen Paneer Stücke.
8. ein paar Minuten kochen.
9. heiß servieren mit Blattsilber verziert.

6.12 Cauliower und Kartoffeln (Aloo Gobi)

Menge Zutat
1 mittelgroße Cauliower
2 mittelgroße Kartoffeln
1 Zwiebel
1 Tomate
1 Zehe Knoblauch
1" Stück Ingwer
Prise Kurkuma
nach Geschmack Salz
nach Geschmack Pfeffer
nach Geschmack Garam Masala

KAPITEL17. GEMÜSE

Methode
1. machen Sie Masala mit Zwiebel, Knoblauch, Ingwer und Tomaten.
2. Fügen Sie Kurkuma und Gewürze.
3. Bruch der Cauliower in Owerettes und schneiden Sie die Kartoffeln in Würfel (8
Stück).
4. Fügen Sie sowohl Masala und niedriger Hitze köcheln lassen. Bedecken Sie den Topf bis
die Cauliower und die Kartoffeln sind beschichtet.

6.13 Curry Aubergine (Bhartha)

4 bis 6 dient

Menge Zutat
2 Pfund Auberginen
4 mittelgroße Tomaten
3 t frisch gehackter Koriander

2 c Ghee
2 c fein gehackte Zwiebel
Methode
1. Backofen Sie auf 450 F
.(2) für eine Stunde oder bis sehr zart im mittleren Bereich des Ofens backen.
3. während sie noch warm sind, schälen Sie und zerdrücken Sie die Auberginen.
(4) Öl erhitzen und Zwiebeln Braten, bis Sie weich und klar. Nicht braun.
5. Fügen Sie die Tomaten und Braten für 2 Minuten.
6. Fügen Sie die Auberginen und rühren, bis fast alle Flüssigkeit verschwindet und die Mischung verlässt die Seite.
7. Legen Sie in eine Schüssel geben, auf Koriander bestreuen Sie und sofort servieren.

6.14. CURRY PILZE 37

6.14 Curry Pilze

Menge Zutat
2 Pfund Pilze
1 große Zwiebel
4 t Kurkuma
nach Geschmack Salz
nach Geschmack Chili
2 große Tomaten
Öl

Methode
1. Waschen und Nely Pilze schneiden. Schneiden Sie die Zwiebel Ne.
2. Öl erhitzen und Gelbwurz und Zwiebeln hinzufügen. Braten Sie, bis Sie weich sind.
3. Fügen Sie die geschnittenen Tomaten hinzu und 3 Minuten kochen Sie rühren die ganze Zeit.

4. die Pilze hinzufügen, abdecken und 15-20 Minuten köcheln lassen.
5. entfernen Sie die Abdeckung und trocknen Sie das Wasser.
6. heiß servieren.

KAPITEL 18. GEMÜSE

Linsen

In diesem **Kapitel** braucht mehr Rezepte über Dals. Im Moment habe ich nur eine Rezept
für "Sambar" eine dünne dal-Rezept aus Südindien.
Dies wird in der Regel mit serviert.
Idlis oder Reis. Idlis sind schwer zu machen und ich habe nicht in der Lage, Nd ein
zufriedenstellende Rezept für sie bis heute.

7.1 Sambhar

Dieses Rezept von Sriram

Menge Zutat

1 Tasse Toor Dal
1 TL Tamarinde
3 Teelöffel Salz
eine Prise Kurkuma
2 Teelöffel Channa Dal
3 Teelöffel Dhania Samen
1 Prise Hing
3 rote Chilis
4 Tasse geriebene Kokosnuss
1 Teelöffel Senf
10 Koriander Blätter
1 grüne Paprika in Stücke geschnitten
1 Zwiebel, gehackt
1 Tomate in Stücke schneiden

KAPITEL 19. LINSEN

Methode

1. Kochen Sie die Toor dal mit 3 Tassen Wasser.
2. braten Sie, rote Chilis Channa dal, Dhania Samen und Hing für ein paar Minuten,
und dann mit den Kokosraspeln anbraten.
3. Schleifen Sie die obige Mischung mit Wasser.
4. braten Sie grüner Pfeffer in Öl ein paar Minuten.
5. Kochen Sie das Tamarind Paste, Wasser, Salz, Kurkuma, Tomaten und Gemüse.
6. hinzufügen??? 3 ??? und ca. 5 Minuten kochen lassen.
7. Fügen Sie gekochtes dal und zum Kochen bringen
8. In der Zwischenzeit braten Sie die Senfkörner und Zwiebel.
9. Fügen Sie die oben genannten Zutaten & Koriander Blätter auf das Gemisch.

7.2 Masur Dal (Linsen)
Für 4 Personen

Menge Zutat
1 c Dal (Moong - gelb oder Masur - rosa)
2 c Wasser
nach Geschmack Salz
nach Geschmack Pfeffer
4 Teelöffel Kurkuma
2 Zehen Knoblauch
1" Stück Ingwer
1 kleine Zwiebel
2-3 El Ghee (kann durch Butter ersetzt werden)
1 t Kreuzkümmel Samen

Methode
1. Waschen Sie die dal und abtropfen lassen Sie es.
7.3. MAH KI DAL (GANZE SCHWARZE BOHNEN) 41
2. Kochen Sie Wasser und fügen Sie die dal, Salz,

Pfeffer, Kurkuma, Nely gehackt
Ingwer und Knoblauch. Bedecken Sie den Topf und 20 Minuten köcheln Sie lassen.

3. wenn fertig, erhitzen Sie das Butterschmalz, fügen Sie die Kreuzkümmel und Braten bis sie goldbraun sind.

Dünne Scheiben geschnitten Zwiebeln hinzufügen. Braten Sie, bis sie knusprig und braun.

Sie können hinzufügen, Paprika und Nely gehackte Tomaten zu den oben für Farbe

(Gießen Sie über die dal und servieren).

7.3 Mah Ki Dal (ganze schwarze Bohnen)

Menge Zutat

1 c Urad oder Mah dal

1" Stück Ingwer

12 Zehen Knoblauch

Wasser

nach Geschmack Salz

2-3 El Ghee (kann durch Butter ersetzt werden)

Grüne Chili (optional) zu probieren.

nach Geschmack Garam Masala

$\frac{1}{4}$ t Kurkuma

Methode

1. reinigen, Waschen und die dal zum kochendes Wasser hinzugeben.

2. Fügen Sie Kurkuma, Salz, die Hälfte der Nely gehackter Ingwer, Knoblauch und Koch
bei mittlerer Hitze für 2-3 Stunden oder Druck Kochen am 15 Psi für 1

2 Stunden.

3. entdecken, weiter Kochen in der gleichen Pfanne bei schwacher Hitze für 1

2 Stunden rühren und

Stampfen Sie hin und wieder, bis eine cremige Konsistenz erreicht ist.

4. das Butterschmalz erhitzen, restlichen Ingwer hinzufügen, umrühren, geschnittenen Zwiebeln, Chili, und

Braten Sie, bis sie goldbraun sind.

5. add Kreuzkümmel oder Koriander (optional). Dal kurz vor dem servieren übergießen.

KAPITEL 20. LINSEN

7.4 Rote Kidneybohnen (Rajma)

Dient 6-8

Menge Zutat

2 c Red Kidney-Bohnen

3 Qt Wasser

1 t Kurkuma

1 T Salz

4 c Öl

1 c Zwiebel, Cho

Reis

8.1 Huhn Pullao

Rezept von Sriram, 1985

Menge Zutat

2 große Zwiebeln schneiden

2 große Chili schneiden

2 c Basmathi Reis (ca. 1

2 kg. (1 Kilogramm = 2.2 lbs)

1 große Tomate (in kleine Stücke geschnitten)

10-15 Koriander Blätter

5 Minzeblätter

1 Zehe Knoblauch

1" Stück Ingwer

2 Tasse Kokos Pulver

3 Teelöffel Salz

3-4 Knoblauchzehen
2 Kardamom
1 Lorbeerblatt
1" Zimtstange
1 c Joghurt
2 Esslöffel Butter
1 Pfund entbeintes Huhn
Methode
1. Hitze Gefäß mit Butter.

KAPITEL 21 REIS

2. braten Sie, Lorbeerblätter, Nelken, Kardamom und Zimt.
3. Legen Sie Zwiebeln und Chili im Schiff und braten auf kleiner Flamme bis Zwiebeln abbiegen
braun.
4. Fügen Sie Ingwer + Knoblauch-Paste und Braten bis Öl trennt.
5. Fügen Sie Tomaten und Braten für 1 Minute.
6. Fügen Sie Huhn + Salz + Joghurt und Braten für eine Minute.
7. Fügen Sie Minze + Koriander Blätter.
(8) decken Sie und Kochen Sie, bis die Soße halbfeste wird.
9. Kochen Reis in einem separaten Behälter.
10. Nimm Reis auf Huhn und Mix (es ist ratsam, Reis kochen, ca. 3
4ths
und dann lassen Sie es mit dem Huhn Kochen).
11. entfernen und servieren (wird etwa 4 hungrige grad. Studenten dienen.)
8.2 südindische Pullav (Reis)
Von Sriram, 1985
Menge Zutat

1 c (vorzugsweise Basmathi-Reis)
3 c Tomatenmark
1 große Zwiebel
1 c Gemüse (vorzugsweise Erbsen und Karotten)
2 TL Koriander Pulver
(auch genannt Dhania Pulver)
4 Teelöffel Knoblauchpulver oder
1 und eine halbe Knoblauchzehen
4 Teelöffel Ingwer-Pulver
4" Stück Ingwer
4 Teelöffel Chilipulver
1 grüne Chili, in kleine Stücke geschnitten
1-2 Stücke Kardamom
1 Stück Knoblauchzehen
4" Stick oder 1
8 Teelöffel powderCinnamon

8.2. SÜDINDISCHE PULLAV (REIS) 47

1 Lorbeerblatt
1 Teelöffel Salz
1 TL Koriander Blätter (falls erforderlich)

Methode

1. Reinigen Sie den Reis mit Wasser und beiseite stellen.
2. Schneiden Sie die Zwiebeln Länge weisen.
3. braten Sie die Zwiebeln und Kardamom in Butter ca. 4 Minuten. Wenn Sie
grüne Chili verwenden, dann fügen Sie das Chili.
4. Fügen Sie Lorbeerblatt, Nelken, Zimt und Braten, bis die Zwiebeln golden abbiegen
Braun (Dies wird wahrscheinlich noch 4-5 Minuten dauern).
5. Fügen Sie die Knoblauch und Ingwer-Paste (vorzugsweise zubereitet aus frischen Ingwer

und Knoblauch).
6. Fügen Sie Dhania Pulver und Chili-Pulver (wenn grüne Chili nicht hinzugefügt wurde
vor).
7. Fügen Sie den Tomatenmark und eine Tasse Wasser (müssen Sie experimentieren
mit die Menge an Wasser benötigt. Ich fand 1 - 1 2 Tassen optimal)
und die Mischung zum Kochen bringen.
8. Fügen Sie das Gemüse, Reis und Salz.
9. gerne Kokos hinzufügen 1 4 Tasse Kokosnuss Akes.
10. Reduzierung der Ame und decken das Schiff.
11. nach ca. 4 Minuten rühren Sie die Mischung.
12. cover Deckel wieder und warten, bis gekocht (kann dauern, über 10-15
Minuten).
13. Sprinkle auf der Koriander Blätter am Ende.

KAPITEL 22. REIS

8.3 pflanzliche Pullav 2

Rezept von Sriram, 1985 dieses Rezept ist etwas Spicer als die vorherige
ein.

Menge Zutat

1 c Reis
2 c Wasser
1 c Gemüse
2" Zimtstange
2 Knoblauchzehen
2 Kardamom
4 Teelöffel Salz
8 Teelöffel Kurkuma Pulver
1 Teelöffel Dhania Pulver

2 Chilis oder
4 Teelöffel Pulver
2 Can oder 1 Pfund (16 oz) Tomaten
2 Tasse Kokosnuss
1 Bund Koriander Blätter
4 Zehen Knoblauch
2" Stück Ingwer (gemacht zu einer Paste)
2 Esslöffel Butter
1 Zwiebel schneiden

Methode

1. Waschen Sie den Reis und abtropfen lassen Sie das Wasser.
2. Extrahieren Sie eine Tasse Wasser aus Tomaten.
3. Gießen Sie die Butter in einem Schiff und Wärme.
4. Fügen Sie Zimt, Kardamom und Nelken.
5. Fügen Sie Zwiebeln und Chilis und Braten bis Zwiebeln goldbraun abbiegen.
6. Fügen Sie Ingwer + Knoblauch-Paste und Kurkuma-Pulver-Paste und Braten, bis Sie Holen Sie sich einen schönen Geruch.
7. jetzt in der Tomate Wasser + 1 Tasse Wasser gießen.
8.4. SAFRANREIS (KESAR CHAWAL) 49
8. Fügen Sie Kokos, Koriander Pulver (Dhania Pulver), Salz und lassen aufkochen
9. Fügen Sie Gemüse, Reis + Koriander Blätter.
10. auf schwacher Hitze und lassen den Reis kochen reduzieren.

8.4 Saron Reis (Kesar Chawal)

Menge Zutat
2 c Reis
4 c Wasser
6 T Ghee
1 t Saron Fäden (oder weniger)

2 T Warmwasser
1 c geschnitten Zwiebel
1 kleine Zimtstange - zersplittert
4 Lorbeerblätter
4 große schwarze cardamoms
1 T Kreuzkümmel Samen
4 Knoblauchzehen
2 t Salz
Methode
1. Saron in heißem Wasser einweichen.
2. Waschen Sie und Einweichen Sie Reis in 3 c Wasser (optional).
3. Butterschmalz erhitzen und Zwiebeln Braten und dann entfernen und beiseite halten.
4. Cardamoms, Nelken, Zimt, Kümmel und Salz hinzufügen. Warten Sie 1
Minute, und dann fügen Sie die Lorbeerblätter und 1 2 die Zwiebeln. Abfluss der
Reis und Wasser zu reservieren.
5. die Reiskörner und rühren für 4-5 Minuten, bis alle das Wasser Evapo-
Preise und die Körner des Reises sind mit Öl beschichtet.
6. das Wasser hinzufügen und zum Kochen bringen.
7. Fügen Sie Saron und seine Wassermenge und Druck Cook am 15 Psi.
8. vom Herd nehmen Sie und lassen Sie den Druck selbst zu löschen.

KAPITEL23. REIS
8.5 Navrattan Pullao (neun Jeweled Reis)
Menge Zutat
1 c Basmathi Reis
4 c Wasser

4 c Öl
1 kleine fein geschnittene Zwiebel
6 Knoblauchzehen
1" Zimtstange
1 t Salz
2 t Kreuzkümmel Samen
Für Mixing mit Reis vor dem servieren:
EINE 1
4 c gefrorene Erbsen (gekocht), Salz, 6 Tropfen grüne Lebensmittelfarbe gemischt mit
1 t Wasser.
4 c, gewürfelte Tomaten, 1
4 t rote Paprika, Salz, Garam Masala, 6 Tropfen rot Lebensmittelfarbe in 2 t Wasser gemischt.

Menge Zutat
1 in dünne Scheiben geschnitten, Zwiebel
4 c Ghee
1 Unze Mandeln
1 Unze-Cashew-Nüssen
2 Unzen goldenen Rosinen
1 Unze Pistazie Nüsse
1" Stück Ingwer dünn geschnitten
1 grüne Chili (optional)
1 hart gekochtes Ei

Methode
1. reinigen, Waschen und Einweichen von Reis in 1-3
4 c Wasser zum Kochen von Druck oder in 2
Tassen Wasser zum Kochen Pfanne.
2. Öl erhitzen und die Zwiebeln braten. Ganze Gewürze hinzufügen. Braten Sie 1 Minute.
Hinzufügen von Reis
und Braten für 2
3 Minuten bis die Reiskörner mit Öl bestreichen.

Fügen Sie das Wasser
Das war der Reis einweichen, in. Druck-Koch, Aufbau des Drucks
15 Psi und lassen Sie fallen oder Kochen in einem Topf voll Kochen dann bringen
bis auf ein Sieden, gefolgt von 20 Minuten kochen, bis der Reis
getan.
NAVRATTAN PULLAO (NEUN JEWELED REIS)
3. unterteilen Sie Reis in drei Teile. Mischen Sie gründlich A mit einem Teil und B
mit einem anderen. Den letzten Teil schlicht zu verlassen. Halten Sie Reis, separate und warm
in den Ofen.
4. (C) in der Zwischenzeit braten Zwiebel, bis es knusprig ist. Mandeln entfernen und Braten, Cashew-Nüsse, Pistazien, Rosinen, Ingwer und Chili. Eier hacken und darüber streuen
mit Salz. Halten Sie warm bis erforderlich.
5. um zu dienen, zu platzieren, Zwiebeln, Nüssen, gehacktem Ei und alle (C) in eine Schüssel und
die drei Chargen des Reises in Klumpen über ihm ästhetisch zu verbreiten.

KAPITEL 24. REIS

Fisch
9.1 Garnelen (Shrimps) Curry
Menge Zutat
2 kg = 1,1 lb Garnelen
2 Zwiebeln in kleine Stücke gehackt
4" Zimtstange
4 Teelöffel Chilipulver
2 Teelöffel Dhania Pulver
4 Teelöffel Knoblauchpulver

2 Teelöffel Ingwer-Pulver
1 Bund frischer Koriander
1 Teelöffel Salz
4 Teelöffel Kurkuma Pulver
1 Esslöffel Öl

Methode

1. Reinigen Sie die Garnelen und das Wasser auspressen.
2. Fügen Sie Dhania, Knoblauch, Ingwer, Chili, Kurkuma-Pulver, Salz und mischen Sie gut.
3. Kochen Sie Garnelen auf kleiner Flamme.
4. die kochenden Garnelen 1 Teelöffel Öl hinzufügen.

KAPITEL 25. FISCH

5. wenn Wasser verdunstet und die Garnelen trocken sind entfernen Sie aus dem Ofen.
(6) das Öl erhitzen und legte in den Zimt.
7. Fügen Sie Garnelen und Braten für 2 Minuten.
(8) fügen Sie Zwiebeln hinzu und braten Sie, bis sie sich bräunen.
9. auf Koriander-Blätter, vom Herd nehmen und servieren.

9.2 Koriander-Fisch (Bharia Machli)

Menge Zutat

4 LB Sole, Ounder, rock Kabeljau oder jede andere weiße gesamte sh
8 Zehen Knoblauch
3 (optional) Hot Chili (oder Cayenne)
1" Stück Ingwer
1 mittlere Bund Koriander
1 T Koriandersamen
1 t Braunzucker
1 t Kurkuma
2 t Schwarzer Senf

2 t-Bockshornklee-Samen
1 T Salz
2 c Zitronensaft
2 c Pflanzenöl
2 c gehackt Zwiebel
1 c gehackt Tomate
2 t Garam Masala

Methode

1. Backofen Sie auf 400 F
.2. Waschen und sh trocken tupfen. 1 t Salz innen bestreuen und beiseite stellen.
3. Mischen Sie, Knoblauch, Chili, Ingwer, 1
2 die Koriander, Koriandersamen, braun Kurkuma, Bockshornklee-Samen, Senfkörner, Zucker, Salz und Zitrone Saft
bis alles wird eine glatte Paste (Add einige Wasser bei Bedarf).
4. Braten Zwiebeln, bis sie weich und golden braun sind.

9.2. KORIANDER-FISCH (BHARIA MACHLI) 55

5. Fügen Sie die angeglichenen Masala und Kochen, bis die meiste Flüssigkeit ist verschwunden, und
Es beginnt, die Seiten der Wanne zu verlassen.
6. Fügen Sie die Tomaten und Garam Masala. Braten, für 2 Minuten mehr und
entfernen.
(7) Mantel einseitig sh, Stu 1 1
2 Tassen im Inneren. Schließen, öffnen, setzte die Rest der Masala drüber. Dicht bedecken und ca. 25 Minuten backen.
(8) grill für 1-2 Minuten in die Masthähnchen und streuen auf den verbleibenden Koriander.

(9) dienen.
KAPITEL 26. Huhn
Mughlai-Huhn mit Mandeln
Dieses Rezept stammt aus dem Buch des Madhur Jarey

Menge Zutat
1" Stück Ingwer
8 bis 9 Zehen Knoblauch
6 Esslöffel geblichen Mandeln
7 Esslöffel Pflanzenöl
1" Zimtstange
2 Lorbeerblätter
5 Knoblauchzehen
10 Hülsen Kardamom
2 mittelgroße Zwiebeln (in kleine Stücke geschnitten)
2 Teelöffel Kreuzkümmel Samen Boden
2 Teelöffel Paprika
7 Esslöffel Joghurt
1 kleine Stange Schlagsahne
4 Teelöffel Garam Masala
2 lbs Huhn ohne Knochen (2 Fächer der Heiligen Betriebe)
2 Teelöffel Salz
ein Bündel Koriander Blätter

Methode
1. mahlen Sie den Ingwer, Knoblauch und Mandeln mit Wasser.

KAPITEL 27. HUHN
2. Erhitzen Sie Öl in einer Antihaft-Pfanne, und braten Sie das Huhn, bis sie golden leuchtet braun. Bewahren sie beiseite und lassen Sie das Öl ab.
(3) Erhitzen Sie, etwas Öl und fügen Sie den Kardamom, Lorbeer und Nelken und Braten

bis die Lorbeerblätter bräunen.
4. Fügen Sie die Zwiebeln und den Braten für ein paar Minuten.
5. Gießen Sie die Paste aus dem Mixer und Braten für ein paar Minuten bis
das Öl trennt.
6. Fügen Sie 1 Esslöffel Joghurt und Braten für 30 Sekunden. Halten hinzufügen ta-Blespoons Joghurt und Braten bis Sie eine konsistente Mischung zu erhalten.
7. Fügen Sie das Huhn, Schlagsahne und Salz und sanft kochen (geringe Hitze)
für 20 Minuten.
8. Fügen Sie Garam Masala und Koriander Blätter und Kochen für eine weitere 10 min-
Utes.

10.2 Malai Huhn

Rezept von Sriram, 1985

Menge Zutat

1 Tray-Huhn
1 gehackt Zwiebel
1 kleine Dose Tomatenmark
1 rote Chili
2 Knoblauchzehen
2 Kardamom
2" Zimtstange
1 Lorbeerblatt
1 Karton leichte Schlagsahne
1 TL Dhania Pulver
2 TL Kreuzkümmel Pulver
1 TL Garam Masala
4 TL Chilipulver
2" Stück Ingwer in eine Paste gemacht

6 Zehen Knoblauch (hergestellt in Paste)
Frischer Koriander

CHICKEN CURRY NORTH INDIAN STYLE

nach Geschmack Salz
Kurkuma
Methode
1. Erhitzen Sie Öl.
2. Fügen Sie rote Chili, Nelken, Kardamom, Zimtstange und Lorbeerblatt, und Kochen Sie bis das Lorbeerblatt goldbraun wird.
3. Fügen Sie die Zwiebel und Braten für zwei Minuten.
4. Fügen Sie die Ingwer-Knoblauch-Paste und Braten für 4-6 Minuten.
5. Fügen Sie das Huhn und Braten für 5 Minuten.
6. in Chili, Kurkuma, Dhania Pulver und Kreuzkümmel Pulver bestreuen.
7. decken Huhn + Salz (Wasser hinzufügen, falls erforderlich) und Kochen für ca. 15
bis 3 Minuten
4 gekocht.
8. Fügen Sie können Tomate einfügen und bei schwacher Hitze kochen.
9. bevor Sie entfernen, fügen Sie die Schlagsahne und cook für ein paar
Minuten.
10. Fügen Sie Garam Masala und Koriander Blätter
11. nach ein paar Minuten entfernen.

10.3 Chicken Curry indische Nordart

Meine eigene, überwiegend aus Mutter ist aber mit Rezepten aus anderen Freunden synthetisiert.
Menge Zutat
1 Pfund Hähnchenkeulen, Oberschenkel, Brust-Stück
1 kleine Karton Naturjoghurt

2 mittelgroße Zwiebeln sehr Nely gehackt
4 Tbl Pflanzenöl
2 Knoblauchzehen
2 TL Senfpulver
2 Hülsen Kardamom

KAPITEL 28. HUHN

2 TL Kreuzkümmel Pulver
1 TL Garam Masala
1 TL Chilipulver
2" Stück Ingwer
4 Zehen Knoblauch
3 TL Koriandersamen
nach Geschmack Salz
2 TL frisch gemahlener Pfeffer
Methode
1. das Huhn Fett entfernt und dann Salz und Pfeffer es. Streuen Sie mit
Chili-Pulver. Fügen Sie Joghurt und Mischung hinzu, gut, bis das Huhn fällt
großzügig mit Joghurt. Benutzen Sie Ihre Hände. Für 1 Stunde vor beiseite
die Küche. Wenn in den Kühlschrank, für mindestens 4 Stunden beiseite gehalten.
2. Erhitzen Sie Öl in einer großen schweren Pfanne. Wenn das Fett heiß ist, fügen Sie Senfkörner, hinzu, wenn
Sie verwenden sie. Hinzufügen, Nelken, Kardamom und Koriandersamen und
30 Sekunden braten.
3. Fügen Sie die Zwiebel und Braten, für zwei Minuten, bis die Zwiebel Wesen zu drehen
braun. Niedriger Hitze auf Medium.
4. Fügen Sie den Ingwer und Knoblauch-Paste und

Braten für 4-6 Minuten.

5. Fügen Sie Senfpulver, wenn es zu verwenden, Hinzufügen von Garam Masala und Kreuzkümmel hinzufügen
Pulver.

6. Bürsten Sie überschüssige Joghurt o das Huhn und steckte es in einen großen Topf. Hinzufügen
Zutaten aus der Pfanne. Bei starker Hitze für 4 aufgedeckt Kochen
Minuten.

7. reduzieren Sie Hitze zu gering und zu decken. Für 25 Minuten oder bis das Huhn Kochen
ist zart, alle 5 Minuten rühren.

Wichtiger Hinweis: bei Hähnchen mit einem Deckel auf den Topf gekocht ist es
Wasser, das ein Teil der Soße wird veröffentlicht. If nach 10 Minuten
ist nicht genügend Soße in den Topf, addiert 1 4 Tasse Wasser. Umgekehrt, wenn auch
viel Flüssigkeit in den Topf, Kochen aufgedeckt, bis die Flüssigkeit verdampft.

Varianten: Es gibt mehrere Varianten zum obigen Rezept:

10.4. CHICKEN CURRY (MURGA) 61

1. lassen Sie den Joghurt. Fügen Sie 1 4 Tasse Wasser kurz vor dem Drehen der Hitze
zu niedrig und den Topf abdecken.

2. Kochen Sie zwei Kartoffeln 10 Minuten bevor sie dünn aufschneiden. Fügen Sie in Scheiben geschnitten Kartoffeln in den Pott beim Starten das Huhn kochen.

3. diese Variante heißt üblicherweise \Malai Huhn"oder buchstäblich \creamy"
Huhn. Lassen Sie den Joghurt. Wann ist das Huhn 3

4 fertig, fügen Sie eine
kleine Dose Tomatenmark. Fügen Sie direkt vor der Beseitigung eines kleinen Kartons à
Schlagsahne, und ein paar Minuten kochen.

10.4 Chicken Curry (Murga)

4-6 Portionen

Menge Zutat

2 lb Skinned Huhn
1 t Garam Masala
3 t Salz
1 c gehackte Tomaten
4 c Pflanzenöl
2 c Wasser
2 c fein gehackte Zwiebel
2 t frischer Ingwer, gehackt
1 t fein gehackter Knoblauch
1 t Essig
1 getrocknete Chili (optional)

Methode

1. Schneiden Sie Huhn, Beine und Schenkel zu trennen, zurück und Brust aufgeteilt.
2. Öl bei starker Hitze. Fügen Sie die Zwiebeln und Braten bis sie goldbraun sind. Nehmen kümmern Sie sich nicht um sie zu verbrennen.
3. Fügen Sie Knoblauch, Ingwer und Tomaten. Braten Sie, bis eine glatte Paste entsteht.
4. Fügen Sie Huhn hinzu, fügen Sie Wasser zum Kochen bringen Sie und Salzen. Topf abdecken und niedriger Hitze. Fügen Sie Chili um es heiß machen, wenn gewünscht.
5. ständig rühren Sie, um zu vermeiden, brennen und die Fleischstücke gleichmäßig zu beschichten.

KAPITEL29 HUHN

6. Nachdem das Huhn erledigt ist, fügen Sie Essig und Kochen für weitere 5 Minuten
bei sehr schwacher Hitze. Auf Garam Masala bestreuen und servieren.

10.5 Tandoori Huhn

2-3 Portionen

Menge Zutat

6 Stück Thawed Huhn, gehäutet
2 TL gemahlener Koriander
2 TL Masala (Tandoori Paste ist verfügbar)
nach Geschmack Paprikapulver
Bindestrich-Knoblauchpulver
nach Geschmack Salz
1 TL Jeera Boden
Sojasauce (oder Joghurt)
(nur erforderlich, wenn Tanduri Masala verwendet wird)

Methode

1. bei Verwendung von Tanduri Fertigpäckchen ist einfügen dann Leben viel einfacher.
Ersetzen Sie alle Vorkommen von Masala und Sojasauce (oder Joghurt) mit der
Tandoori einfügen.
2. nehmen Sie das Huhn und machen * tiefe * Schnitte drin (so dass die Gewürzmischung sickert
in schnell).
3. Wenn Sie Sojasauce als Basis verwenden, setzen Sie einige auf die Fleischstücke
und lassen Sie es in die Schnitte zu sickern.
4. reiben Sie in der Gewürzmischung als eine Mischung oder einzeln nacheinander. Die Idee ist, lassen
die Masalas sickert in die Schnitte mit der Sojasauce.

Sie können es für lassen
Weile, bis in zu versickern.
5. Wenn Sie Joghurt verwenden, erhalten Sie einen authentischeren Geschmack seit der
Original TC ist schließlich darin mariniert. Mischen Sie in diesem Fall die Gewürzmischung
in Joghurt-Rst und dann reiben die Stu in das Huhn als schneidet
vor. Die Joghurt dazu neigt, viel Wasser zu verlassen hinter. NICHT DAS WEGWERFEN. Lassen Sie es im Ofen verdampfen

10.5. TANDOORI HUHN 63

mit dem Huhn. Das wird die Stücke aus immer trocken halten über-
gekocht. Ich habe das gleiche Problem mit der Sojasauce-Version nicht konfrontiert.
(von trockenen Huhn).
6. Kochen Sie das Huhn, bis es braun drehen beginnt.
und die von Ihnen vorgenommenen Kürzungen
Starten Sie \expanding."
Hinweise: Sie können jede andere interessante Soße als Basis verwenden. Einige vor-
vorherigen Erfahrungen meiner eigenen sind: Teriyaki (meine Japaani-Tandoori), Oriental
Soße (mein Supermarkt-Tandoori).

KAPITEL 30. HUHN

Lamm und Rind

11.1 Lamm Vindaloo

Esquire Magazin, 1986: Ich habe dem Rezept ein paar Mal gemacht und
beide Male mit sehr guten Ergebnissen. Das Wandschild-Gericht ist ein würziges Lamm-Gericht
Das ist ganz köstlich. Vorsicht: dieses Rezept nimmt

einiges an eort
so zusammen zu stellen.
Menge Zutat
3 kg magere Knochenlose Lamm
3 Lamm fleischige Knochen
Marinade aus gemacht:
Menge Zutat
4 El leichtes Pflanzenöl
4 c Apfelessig
3 El Tamarinde Zellstoff
nach Geschmack Salz
Püree aus gemacht:
Menge Zutat
2 Esslöffel Pflanzenöl
1 große weiße Zwiebel
6 Knoblauchzehen
2 Esslöffel frische Ingwerwurzel, gehackt

KAPITEL 31. LAMM UND **(RIND- nicht Indisch)**

2 c Pflanzenöl
3 c Zwiebel, in dünne Scheiben geschnitten
1 TL gemahlener Kreuzkümmel
1 Teelöffel Senf Ground
3 Teelöffel Kurkuma
2 Teelöffel Paprika
3 Teelöffel Paprika
2 1
2 c heißem Wasser
Methode
1. Schneiden Sie Lamm in 3
4" Würfel.
2. Platz Lamm und die Knochen in einer nicht-

metallischen Schüssel mit vier Tisch-
Löffel Öl, Essig, Tamarinde Zellstoff und Salz. Lassen Sie es bei Marinieren
acht Stunden lang Raumtemperatur oder gekühlt, für 24 Stunden.
3. Legen Sie zwei Esslöffel Öl, Zwiebel, Knoblauch und Ingwer in einem elektrischen
Mixer oder Küchenmaschine und führen die Maschine bis eine pastöse Ne-Püree
wird gebildet.
4. Hitze die Hälfte Tasse Pflanzenöl in einer großen Emaille beschichtet Skil-
lassen Sie bei mittlerer Hitze. Fügen Sie die Zwiebeln hinzu und braten Sie, bis sie sind
Karamell braun, dabei ständig rühren, um die Verbrennung zu verhindern.
5. Fügen Sie das Püree. Die Hitze reduzieren und gemahlener Kreuzkümmel, Boden Mus - hinzufügen
Tard, Kurkuma, rote Pfeffer und Paprika. Wann beginnen die Gewürze
brutzeln Sie und drehen Sie dunkel, in ca. 15 Sekunden, fügen Sie das Lamm und die Knochen. Kochen Sie, bis etwas eingebrannt (etwa zehn Minuten).
6. Fügen Sie das Wasser zum Kochen bringen Sie, und senken Sie die Wärme und köcheln lassen,
teilweise abgedeckt, bis das Fleisch sehr weich ist (ca. 30 Minuten).
(7) herausgreifen und Knochen zu verwerfen.
8. auf Reis servieren.
11.2 Ei gekocht mit Fleisch und Fried (Nargisi Köfte)
Fleisch:

11.2. EI GEKOCHT MIT FLEISCH UND FRIED (NARGISI KÖFTE) 67

Menge Zutat
1 Pfund mageres Hackfleisch
4 c gehackt Zwiebel
4 Knoblauchzehen gehackt
1" Stück Ingwer, gehackt
2 t Kurkuma
4 c Wasser
nach Geschmack Salz und Pfeffer

Zum Mischen mit Fleisch:
Menge Zutat
4 T-Besan (Küken-Phenylethylamin unsere)
1 T-Joghurt
6 hartgekochte Eier
1 Ei mischen und Streichfarben
2 t Garam Masala
Öl zum Braten

Für Curry (Masala):
Menge Zutat
Öl oder ghee
2 gehackt Zwiebeln
8 gehackte Knoblauchzehen
2 Tomaten oder gleichwertig einfügen
1" Stück Ingwer, gehackt
4 c Joghurt
4 t Kurkuma
Grüne Zwiebel
2 t Garam Masala
10-15 Blätter Koriander
nach Geschmack Salz und Pfeffer

Methode
1. Erhitzen Sie das Wasser und fügen Sie das Fleisch,

Zwiebeln, Ingwer, Knoblauch, Salz und Pepper.-Druck-Kochen für 10 Minuten bei 15 Psi (oder 25 min. bei schwacher Hitze.

KAPITEL 32. LAMM UND RIND

Reduzierung des Drucks und die Hälfte die Flüssigkeit abtropfen. Fügen Sie der Besan (oder 1

2 c

Linsen eingeweicht) und 10 Minuten kochen. Kneten Sie oder Schleifen Sie bis leicht

klebrig, Eigelb, Garam Masala und Joghurt mischen und gut kneten.

2. Beschichten Sie die hart gekochten Eiern mit den oben genannten und Frittieren.

3. Erhitzen Sie Butterschmalz, braten Sie die Zwiebeln zu einem goldbraun, fügen Sie hinzu, Knoblauch, Ingwer, Toma-

Zehen und Joghurt und Braten bis die Masala eine Paste ist. Fügen Sie Wasser

auf die Mischung, wenn nötig. Fügen Sie die grünen Zweige Zwiebel, 1l

2 c Wasser und

10 Minuten kochen

4. wenn Curry fertig ist, Gießen Sie in eine Schüssel die Koftas in Hälfte schneiden und

vereinbaren Sie über das Curry. Cover und backen bei 250 F

für 15-20 Minuten.

5. servieren, garniert mit Koriander-Blättern und Garam Masala.

11.3 Schweinefleisch-Curry

Dient, 6 oder 8

Menge Zutat

2 Pfund Schweinefleisch(deutsche Variante)

3 mittelgroße Zwiebeln
2" Stück Ingwer
4 Zehen Knoblauch
2 mittelgroße Tomaten
2 T-Essig
2 t Salz
2 t Garam Masala
2 T Vindaloo-Paste (scharf)
1 mittelgroße Kartoffeln
2 c Wasser
Methode
1. saubere, waschen, schneiden und Trocknen Schweinefleisch. In 1" Würfel schneiden.
2. machen Sie Masala mit Zwiebeln, Ingwer und Tomaten wie Hähnchen-Curry,
und so weiter.
3. Fügen Sie den Essig und Vindaloo-Paste und Kochen für 2 Minuten.

11.4. SHAHI KORMA (MUTTON CURRY) 69

4. Fügen Sie das Schweinefleisch und Druck Kochen, 20 Minuten, oder in einem schweren Topf für 2 Stunden, bis die Stücke weich sind.
(5) Würfel Kartoffeln, hinzufügen und Kochen Sie die Kartoffel-Stücke in die Flüssigkeit beschichtet.
6. lässt sich die Menge des Wassers (30 Minuten), während die Kartoffeln kochen.

11.4 Shahi Korma (Mutton Curry)

Menge Zutat
2 lb Ziege Hammelfleisch
3 mittelgroße Zwiebeln
4 c Joghurt
4 Zehen Knoblauch
Prise Saron

2 t Salz
4 c Creme
1 Unze Mandeln
2 c Öl
1 Unze Koriander Samen
1 t rote Paprika (optional)
2 t Garam Masala
Methode
1. reinigen, Waschen und Trocknen Hammelfleisch.
2. Mischen Sie Koriandersamen, 1 Zwiebel, Mandeln und Knoblauch.
3. marinade das Hammelfleisch in oben Mischung für 2 Stunden.
(4) Erhitzen Sie Öl und braten Sie die restlichen Zwiebeln in dünne Scheiben geschnitten. Halten Sie beiseite.
5. Fügen Sie die Hammelfleisch und braten Sie, bis die Flüssigkeit trocknet.
6. Fügen Sie 3
4 c warmes Wasser und Kochen, bis das Fleisch ist fast (3 fertig
4 gekocht)
ODER Druck Kochen am 15 Psi für 20 Minuten. Druck zu verringern. Mit Salz
und Pfeffer.
(7) aufzudecken und Trocknen der Flüssigkeit.

KAPITEL 33. LAMM UND RIND

8. Fügen Sie geschlagenen Joghurt und Braten bis es Öl hinterlässt.
9. Fügen Sie Boden gebratenen Zwiebeln.
10. schlagen Sie die Sahne. Fügen Sie eingeweicht oder gemahlen Saron.
11. mit gekochtem Hammelfleisch mischen.

12. Fügen Sie Garam Masala und backen bei 250 F für 1
2 Stunden
13. mit gehackter Koriander garniert servieren lässt.

Kheer (Fadennudeln Pudding)

Rezept von Dalbir Chadda: Dies war mein alle Zeit-Lieblings-Dessert.
Seit ich sehr klein war, kann mich erinnern, bitte um Sekunden und Dritteln.
Was macht dieses Dessert ungewöhnlich ist, dass es nicht so süß wie die meisten indischen
Nachtische. Es ist ziemlich einfach zu machen. Stellen Sie sicher, dass sich die Fadennudeln
Ne (Engel-Haar-Pasta ist ok, aber die sehr Ne Fadennudeln, die gekauft werden kann
in chinesischen Geschäften ist das beste).

Menge Zutat
1-Stick Butter
2 Handvoll sehr Ne Fadennudeln
4 Tassen Milch
1 Pint Schlagsahne
1 Handvoll Rosinen
3 Esslöffel Zucker
4 Mandeln (optional), geschält und in dünne Scheiben geschnitten

Methode
1. schmelzen Sie Butter in einem Topf 4 qt.
2. brechen Fadennudeln in 3" Stücke. Rühren Sie bei schwacher Hitze Fadennudeln in butter
bis es hellbraun wird.
3. Gießen Sie die Milch und rühren bei mittlerer Hitze, bis es kocht.
4. setzen Sie die Rosinen, Mandeln und Zucker.

5. weiterhin unter schwacher Hitze 10 Minuten kochen.
6. Fügen Sie Schlagsahne und weiterhin für ein paar Minuten kochen.
7. Entfernen vom Herd nehmen und, wenn kühl, in den Kühlschrank bevor Serv - Easy

Ing.
12.2 Milchreis Mehl
6 Portionen
Menge Zutat
2 c Milch
4 c Zucker
2 Unzen Reis unserer
6-8 Tropfen Rosenwasser
1 Unze Mandeln
2 Unzen Pistazie Nüsse
Methode
1. blanch (optional) und Nüsse zu vernichten.
2. Mix Reis unserer in die Milch und die Mischung glatt rühren.
3. über mittlerer Hitze kochen Sie bis eine cremige Konsistenz (20-30 erreicht ist
Minuten?).
4. simmer und Zucker hinzufügen und rühren für 2-3 Minuten mehr.
5. Cool (im Kühlschrank für 30 Minuten) hinzufügen, Rosenwasser, Mandeln und
Pistazien (vielleicht bevor es abkühlt).
6. in einzelnen Gerichte Gießen und servieren.

BESAN BURFI
2.3 Besan Bur
Menge Zutat
1 c Besan

1 C Verkürzung
1 c Zucker
4 Samen Kardamom
Nüsse (optional)
Methode
1. schmelzen Sie Verkürzung in einer Pfanne.
2. ausschlagen Sie Wärme und fügen Sie Kardamom und Besan hinzu.
3. Braten, dabei ständig rühren, um zu verhindern, brennen, bis es, um geändert hat eine
braune Farbe und riecht getan. (Test: ein paar Tropfen Wasser bestreut auf
es spritzt sofort).
4. Drehen Sie die Hitze o und den Zucker unterrühren.
5. Verbreitung 1
2" Dick auf einer Platte.
6. in Rauten geschnitten Sie, nachdem es abgekühlt ist.
12.4 Kheer
Menge Zutat
2 c Reis
4 c Milch
4 c Rosinen
4-1 c Zucker
1 t-Kardamom-Samen
4 c Geschredderte Mandeln blanchiert
6-8 Tropfen Rosenwasser
2 c Wasser
Methode
1. Waschen Sie und abtropfen lassen Sie den Reis.

DESSERTS UND ANDERE GOODIES

2. weichen Sie in
2 c Wasser für

2 Stunden.
3. Kochen Sie den Reis im gleichen Wasser, bis es beschichtet ist und das Wasser trocknet
oben.
4. Fügen Sie die Milch hinzu und köcheln lassen Sie, bei schwacher Hitze
2 Stunden.
5. Kratzen Sie die Seiten und Unterseite häufig zu kleben und Maische zu verhindern
Reis rühren.
6. wenn es cremig ist, Zucker hinzufügen und gut unterrühren.
7. vom Herd nehmen und zerdrückten Kardamom Samen, Rosenwasser hinzufügen und
zerkleinerten Mandeln.
(8) dienen, heißen oder kalten verziert mit Silber Blätter (optional). [Silber Blätter
sind sehr gut, geschmacklos Blätter Silber.]

12.5 Gulab Jamuns (einfache Methode)

Menge Zutat
1 c Bisquick
2 c Nelken Pulver
2 c Wasser
2 c Zucker
4 Hülsen Kardamom
nur wenige Tropfen Rosenwasser
2 halten Sie Butter (4 T)
8 c Joghurt
Milch
Öl zum Braten

Methode
1. Butter erhitzen und in eine Schüssel Gießen.
2. Bisquick, Nelken Pulver und Joghurt hinzufügen

und vermischen.
3. gut Hinzufügen von Milch kneten, bei Bedarf.
4. nehmen Sie eine glatte Kugel, abdecken und ruhen (30 Minuten?) lassen.

SUJI HALVA (GRIEß HALVA)

5. nehmen Sie 12-14 kleine Kugeln.
6. das Wasser erhitzen, Zucker hinzufügen, zum Kochen, fügen Kardamom Samen bringen und köcheln lassen.
7. Kochen Sie, dann köcheln lassen Sie, um das Wasser um die Hälfte zu reduzieren.
8. Erhitzen Sie das Öl bis heiß und braten Sie die Bälle zu einem goldbraun oder bis Sie
sind dunkle Brown|almost schwarz.
9. Einweichen Sie in Zuckersirup, bis sie in der Größe (1 Stunde oder über Nacht) zu verdoppeln
10 servieren Sie heiß oder kalt.

Suji Halva (Grieß Halva)

4 - 6 Portionen

Menge Zutat

2 c Suji (Grieß)
2 c Zucker
2 c Ghee
2 c Wasser
1 Unze geschnitten Mandeln
1 Unze Rosinen
8 grün cardamoms

Methode

1. Zucker und Wasser zusammen 5 Minuten kochen.
2. Wärme Ghee Suji hinzufügen und bei schwacher Hitze rühren, bis Mischung Licht wird
cremige Farbe und Butterschmalz lässt die Seite der Wanne.

3. Fügen Sie den Sirup und kräftig rühren Sie, bis es in den Grieß absorbiert wird.
4. zerkleinerte Kardamom Samen, Mandeln und Rosinen mischen.
5. heiß servieren.

DESSERTS UND ANDERE GOODIES
Sewian (Vermicelli)
Menge Zutat
2 c Sewian (Fadennudeln)
2 c Milch
4 c Zucker
4 t-Rosenwasser (oder 6-8 kleine Kardamom Samen)
Butterschmalz
Methode
1. braten Sie Sewian in heißem Öl, bis sie goldbraun sind.
2. Erhitzen Sie die Milch zum Kochen und fügen Sie die Sewian. Kochen Sie, bis die Milch um die Hälfte reduziert.
3. Fügen Sie Zucker hinzu und bei schwacher Hitze kochen Sie, bis Sie cremig (ca. 25 Minuten).
4. vom Herd nehmen. In Rosenwasser hinzufügen.
5. mit blanchiertem Nely Geschredderte Mandeln und Pistazien dekorieren
und silberne Blätter, falls gewünscht.

12,8-Karotten-Halva
Menge Zutat
4 kg Karotten
2 gal Milch
2 c Zucker
2 c Carnation Milchpulver
1 c Öl
nach Geschmack Nüsse

Methode
1. reinigen und die Möhren reiben.
2. Erhitzen Sie die Milch zum Kochen und fügen Sie die Karotten.
3. kochen bis die Flüssigkeit ist fast verschwunden, damit festhalten und brennen nicht rühren
ING (3-4 Stunden).
4. Fügen Sie Öl und Kochen Sie mehr, rühren, um die Karotten gut (zum Braten
2 Stunden).
5. Fügen Sie das Milchpulver und Zucker und Kochen Sie bis die Flüssigkeit Weg ist
und die Masse klebt nicht an den Seiten.
6. Fügen Sie die Nüsse und Rosinen und biegen Sie o die Hitze.
(7) in eine Schüssel Gießen und warm oder kalt servieren. Halten in den Refrig-
Automated für bis zu 1 Woche.

RASGOOLA

Menge Zutat
1 L homogenisiert Milch
2 TL Weißweinessig
2 C Zucker
3 C Wasser

Methode
1. die Milch zum Kochen bringen und die kochende Milch trennen Essig hinzufügen
die Molke.
2. wegwerfen des flüssigen Teils durch Sichtung der Stu auf ein Musselin Tuch.
3. Gießen Sie etwas kaltes Wasser über den Quark zum Kühlen und waschen Sie es. Wirf die
Wasser und hängen Sie das Tuch für 15-20 Minuten,

um das überschüssige Wasser Tropfen lassen
4. setzen Sie den Quark in eine Küchenmaschine oder Mixer und vermischen mit hoher Geschwindigkeit eine geschmeidige Konsistenz zu erhalten. Sie können fügen Sie einfach ein wenig (1 TL oder so)
Wasser während des Mixens, wenn der Quark zu trocken und wird nicht mischen. Sehr
vorsichtig, damit kein zusätzliches Wasser hinzufügen.
5. entfernen Sie die Paste und machen Sie kleine Kugeln (1-2" im Durchmesser).

DESSERTS UND ANDERE GOODIES

6. Kochen Sie Wasser in einem großen Gefäß. Stellen Sie sicher, es gibt mindestens 2-3" des
Wasser in das Schiff. Wenn dies nicht der Fall ist, fügen Sie mehr Wasser und erhöhen Sie die Menge Zucker proportional. Hinzufügen von Zucker in das kochende Wasser zu einer
Licht-Sirup.
7. weiter den Sirup kochen und sanft fallen die Quark-Kugeln in die kochende
Sirup. Kochen Sie die Kugeln in den kochenden Sirup 30-40 Minuten.
8. vom Herd nehmen und lassen Sie die Stu abkühlen. Setzen die Kugeln und
den Sirup in einem Lagerbehälter und im Kühlschrank (nicht fixieren).
9 servieren Sie kalt.

12.10-Mango-Eis

Dies ist eine große Wüste, die mit sehr wenig Eort gemacht werden können. Sie können
Ersetzen Sie die Mango Pulpe durch jede andere pürierte Frucht.
Menge Zutat

1 Dose Kondensmilch
12 Unzen Whipped-Creme (Cool Peitsche)
1 Dose Mango Zellstoff (Alphonso)
Es ist sehr verwirrend, Mengen als 1 Dose zu
beschreiben. Nun, erinnere ich mich nicht
die genauen Zahlen, so lassen Sie mich die Größen zu
beschreiben. Befasst sich mit die Mango Zellstoff
kann
6" hoch und 3" im Durchmesser. Ich denke, dass es
die einzige Größe in einem indischen verfügbar ist
speichern. Die Dose Kondensmilch ist ungefähr 3"
hoch und ungefähr 2,5" Durchmesser
und sollte in Ihrer Nachbarschaft
Lebensmittelgeschäft erhältlich.
Methode
1. Mix aller Brei, Kondensmilch und Sahne in eine
Schüssel geben.
2. setzen Sie in den Gefrierschrank für ca. 8 Stunden.

Gesunde Rezepte zum leben Split-Erbsensuppe

1 Knoblauchzehe, gehackt
1 Zwiebel, gehackt
1 T-Olivenöl
1 t Kreuzkümmel
2-4 T Bragg flüssige Aminos
6 c Wasser
1 c Erbsen
1 C geriebene Karotten
1 Kartoffel, gehackt
Anbraten, Knoblauch und Zwiebeln in Olivenöl.
Kreuzkümmel und 2 Esslöffel hinzufügen
Bragg und Mischung gut. Wasser und Erbsen
hinzufügen, zum Kochen bringen und

Dünsten Sie 2 Minuten. Vom Herd nehmen, Deckel, und lassen Sie sich für eine Stunde.
Fügen Sie restlichen Zutaten und köcheln lassen, gedeckt, bei schwacher Hitze für hinzu
ca. 2 Stunden. Gewürze nach Geschmack anpassen.
8
E-Z-Gemüse-Suppe
2 T Öl
2 Knoblauchzehen, fein gehackt
1 Zwiebel, gehackt
3 Karotten, gehackt
1/2 c gehackte Sellerie
1/2 t italienischen Gewürz
2 T Bragg flüssige Aminos
1c frischen Mais (aus der Cob)
1 c Kohl, gehackt
1 Dose Bio Tomatensauce
1 Dose Bio, gehackte Tomaten
6-8 c Wasser
1 c Vollkorn Nudeln Spiralen
Alles, was im Kühlschrank übrig gebliebenen ist
Im großen Suppentopf, Knoblauch anbraten, Zwiebeln, Karotten und Sellerie mit Olivenöl und Gewürze. Mais, Kohl, Tomaten-Sauce, Tomaten hinzufügen und
Wasser. Für 1 Stunde köcheln lassen. Hinzufügen von Nudeln, Reste und köcheln lassen bis
Ausschreibung, ca. 15 Minuten.

Schnelle Minestrone-Suppe
c 1/2 Zwiebel, gehackt
1/2 c Staudensellerie, gehackt
C 1/c Karotten, gehackt
1 Knoblauchzehe, gehackt

1/4 t Thymian
3/4 t Basilikum
1/4 t ordonanz
1 c Kohl, gehackt
11/2 c Garbanzo Bohnen (Konserven, Bio)
2 c rote Kidney-Bohnen (Konserven, Bio)
1 Dose italienische Bio-Tomaten, gehackt
6-8 c der hausgemachte Gemüsebrühe
Anbraten in der Brühe 1/4 c: Zwiebel, Sellerie, Karotten und Knoblauch, bis
Zwiebel ist weich. Restliche Zutaten hinzufügen und köcheln lassen für etwa 20
Minuten. Starten Sie mit 6 Tassen Brühe und fügen Sie mehr hinzu, wenn nötig.

Butternut-Kürbis-Suppe

1 c Karotten, geschält und in Scheiben geschnitten
1 c gehackte Zwiebel
1 Knoblauchzehe, gehackt
2 T Öl
1 T gehackter Ingwer
2 t-Currypulver
1/4 t-Zimt
1/8 t Muskatnuss
2 mittlere Butternut-Kürbis, geschält, entkernt und in Stücke geschnitten
3 c Bio-Apfelsaft
In großen Pfanne bei mittlerer Hitze, Kochen Karotten, Zwiebel und
Knoblauch in Öl, bis Sie weich, ca. 5 Minuten. Ingwer, Curry, Zimt hinzufügen
und Muskatnuss; Kochen Sie für 1 Minute. Squash und Apfelsaft hinzufügen. Heizen auf auf
Kochen. Deckel; reduzieren Sie Hitze. Köcheln lassen

Sie für 15 Minuten oder bis Squash ist
zart. Pürieren Sie im Mixer oder Küchenmaschine Suppe, in Chargen bis
glatt. Zurück zum Topf; Wärme durch. Servieren Sie heiß oder gekühlt.
8 (1 Tasse) Portionen macht.

Frische Tomatensuppe
1 große Tomate
1 mittelgroße Gurke
1/2 rote Paprika
1 t italienischen Gewürz
1 t-dill
1 t Bragg flüssige Aminos
1 t gehackter Schnittlauch
1 t, gehackte Petersilie
Legen Sie Tomaten in Blender oder Vita-Mix und Mischung bei niedriger Geschwindigkeit bis cremige. Restliche Zutaten hinzufügen und gut mischen. Bei Zimmer servieren.
Temperatur oder Abdeckung und Chill. 1 bis 2 Portionen macht.

Langsam und herzhaften Gemüsesuppe
3 gewürfelte Karotten
3 gewürfelte Kartoffeln
2 Stängel Staudensellerie, gehackt
1 gewürfelte Zwiebel
2 c gehackte Kraut
2 c grüne Bohnen
4 c gewürfelte Tomaten
1/2 c-Gerste
2 T getrocknete Petersilie
1 t getrocknete Basilikum
2 T Bragg flüssige Aminos

Legen Sie alle Zutaten in Crock-pot. Fügen Sie genug Wasser oder Homemade
Gemüsebrühe, Gemüse zu decken. Temperatur zu niedrig drehen und
Kochen Sie bis Sie weich ist, 6-8 Stunden.

Hausgemachte Gemüsebrühe
8 bis 10 Tassen destilliertes Wasser
2 Zwiebeln
2 bis 3 Knoblauchzehen
3 Möhren
3 bis 4 Sellerie Stiele
2 Kartoffeln mit Haut
1/2 c-Petersilie
1 t-Thymian
1 t-Basilikum
1 T Bragg flüssige Aminos
Schneiden Sie alle Gemüse in 1 Zoll Stücke. In großen Suppentopf und hinzufügen
Gewürze. In kleine Menge Wasser bis leicht anbraten ausgeschrieben.
Mit destilliertem Wasser bedecken und zum Kochen bringen. Hitze reduzieren und
für eine Stunde köcheln lassen. Cool und Belastung Brühe, Gemüse zu verwerfen.
Brühe werden eingefroren oder für eine Woche im Kühlschrank aufbewahrt.

Rohe Karotten Suppe
2 Tassen heiße hausgemachte Gemüsebrühe
1/2 c gehackte Mandeln
1 c frische Petersilie
2 bis 3 T Bragg flüssige Aminos
1 c geschreddert Karotte
1/4 c gehackte Frühlingszwiebeln

Platzieren Sie in Vita-Mix oder Blender die ersten vier Zutaten. Gut mischen, dann verschmelzen
in Karotten auf gewünschte Konsistenz. Pour in Schalen und garniert mit
Grüne Zwiebeln.

Gerste-Garten-Suppe

3/4 c-Gerste
1/2 c Karotten, gerieben
Gelb 1 c squash, geriebener
1/2 c Staudensellerie, gehackt
1/2 c Schalotten, gehackt
1/2 c-Petersilie, gehackt
2 c Karottensaft
1 c destilliertes Wasser

Gerste in destilliertem Wasser über Nacht einweichen. Spülen Sie am nächsten Tag heiß
Wasser und Abfluss gut. Kombinieren Sie alle Zutaten und Hitze leicht. Dienen
sofort.

Schnelle Kartoffelsuppe
2-3 Kartoffeln, geschält und gewürfelt
1 Zwiebel, gehackt
Hausgemachte Gemüsebrühe
Soja oder Reis-Milch
Bragg flüssige Aminos
Petersilie, gehackt

Kartoffeln und Zwiebeln in einem Topf mit gerade genug Brühe zu platzieren
bedecken sie. Kochen Sie bis Sie weich. Fügen Sie gewünschte Menge Soja-Milch zu
Stellen Sie eine cremige Konsistenz. Saison mit Bragg. Gießen Sie in Portion
Schalen und mit gehackten Petersilie garnieren.

Linsensuppe
1 1/2 T Öl
1 große Zwiebel, gehackt
1 Karotte, geschält und gewürfelt
1 rote Paprika, gewürfelt
1 t Kreuzkümmel
1 c Linsen
Hausgemachte Gemüsebrühe 4 c
1 1/2 c gewürfelte Tomaten
1 c frischen Mais (entzieht die Cob)
1 T Bragg flüssige Aminos
Anbraten, Zwiebel, Karotte und rote Paprika in Olivenöl bis der Zwiebel
weich ist. Kümmel, blending für eine Minute unterrühren. Nummer(n) hinzufügen
Zutaten, bedecken und zum Kochen bringen.
Niedriger Hitze dünsten und Kochen
für ca. 30 Minuten.

Früchte und Fruchtsäfte
Schnelle Obst Kompott
2 Bananen, in Scheiben geschnitten
6 Termine, entkernt und in Scheiben geschnitten
3 T ungesüßt, geriebener Kokosnuss
3 T gehackte Mandeln
Platzieren Sie Bananen und Termine in Schale serviert.
Mit Kokosnuss bestreuen und
Mandeln. Sofort servieren.
Oma's Ambrosia Salat
2 Grapefruits, geschnitten und in Scheiben geschnitten
4 Nektarinen, geschnitten und in Scheiben geschnitten
1 c gehackte Ananas
1/4 c ungesüßt, Kokosraspeln
Rühren Sie alle Zutaten zusammen in Schalen

servieren ein. 1 Esslöffel reservieren
Kokosnuss und obenauf streuen.
Obst-Stachelschwein
1 Melone
1 Honigtau
Rote Weintrauben, kernlose
Grüne kernlose Trauben
Spieße
Halbieren Sie Melone und kopfüber auf großen Tablett.
Schneiden Sie restlichen Melone und Honigtau in 1 Zoll Würfel. Thread
Obst auf Spieße, abwechselnde Farben, so dass Raum zum Einfügen in die
Melone die Hälfte. Legen Sie gefüllte Spieße in Melone ab der
oben und unten arbeiten. Dies macht eine schöne Mittelpunkt für eine
Dinner-Party.
Erdbeer-Banane Smoothie
1 c Bio-Apfelsaft
2 Bananen
1 c Erdbeeren
1-2 c Eis
Setzen Sie alle Zutaten in einen Vita-Mix oder Mixer und hoch bis zum Mischen
Dick und matschigen. 2 Portionen macht.
Tofu-Frucht-Smoothie
Tofu (1/6 eines Blocks)
1 1/2 c Gefrorene Früchte
1 c Wasser
1 t-Honig
Setzen Sie alles in den Mixer oder Vita-Mix und

mischen Sie, bis glatt. Kann
Verwenden Sie frisches Obst und fügen Sie Eiswürfel vor dem mischen.

Blaubeere-Banane Smoothie

1 c Fruchtsaft
2 Bananen
1 c Heidelbeeren
1 c Eis

Legen Sie alle Zutaten in Vita-Mix oder Mixer und Mischung gut auf hoher Geschwindigkeit. Ebenso können mehr Eis für dicker Smoothie hinzufügen.

Blast-Frucht-Smoothie

1 Pflaumen, entsteint
1 Orange in Scheiben geschnitten
2 Handvoll kernlose Trauben
1 Banane
4 T Trauben Saft
1 c gefrorene Erdbeeren

Legen Sie alle Zutaten in Vita-Mix oder Mixer und Mischung gut auf hoher Geschwindigkeit. Ebenso können für dicker Smoothie Eis hinzufügen.

Mango-Smoothie

1/2 c Wasser
1 mango
2 Bananen
1 c Eis

Schälen und in Scheiben schneiden Mango. Setzen Sie die Zutaten in Vita-Mix oder Blender. Mix auch auf high-Speed bis cremig. 2 dient.

Ananas-Kokos-Smoothie

3 Bananen

3 große Scheiben Ananas
3 T geriebener Kokosnuss
1 c Apfelsaft
2 c Eis

Legen Sie alle Zutaten (Reservierung 1 T Kokosnuss) in Vita-Mix oder blender
und die Mischung bis dick. In Tassen Gießen und mit den verbleibenden garnieren
Kokosraspeln.

Millies Watermelon Basket

1 große längliche Wassermelone
1 Melone
1 Ananas
1 Honigtau

Ziehen Sie Griff am oberen Rand Wassermelone und ein Zick-Zack-Muster entlang
Seiten, einen Korb zu vertreten. Schneiden Sie entlang der Linie und Schaufel aus der Frucht.
Schneiden Sie Wassermelone und die restlichen Früchte in 1 Zoll Chunks. Verrühren
in eine große Schüssel und Mine legen. Dies macht eine große Mittelpunkt für eine
Frühstück oder Mittagessen!

Reinigung-Apfelsaft

1 kleine Rüben
2 bis 3 Äpfel

Peel und Viertel Zuckerrüben. Entfernen Sie die Samen von Äpfeln. Führen Sie durch
Saftpresse. Dies ist eine große reinigende Saft. Haben Sie nicht mehr als eine
Glas pro Tag, oder Sie können zu schnell Entgiftung.

Gemischte Melonensaft

3 c-Melone

1 c Honigtau
1 c Wassermelone

Laufen Sie alle Zutaten durch Entsafter. Portion ist 8 Unzen.

Wassermelone Saft

Verwenden Sie etwa ein Pfund Melone, um 8 Unzen Saft zu machen. If
Wassermelone ist organisch, Sie können auch die Schale zusammen mit der Frucht Saft.

Florida-Obstsalat

2 Orangen
1 nektarine
2 Mandarinen
1 grapefruit
1/2 Ananas
1 Pint Erdbeeren

Schälen Sie Orangen, Nektarinen, Mandarinen und Grapefruit und schneiden Sie in kleine
Stücke. Geschnitten Sie Ananas in Brocken und Segment Erdbeeren in zwei Hälften. Rühren Sie zusammen in die große Schüssel. Eine Stunde vor dem servieren Chill.

Hawaiian Obstsalat

1 Ananas
1 Pint Erdbeeren
1 kiwi
3 Bananen
3/4 c geriebener Kokosnuss
Brotmesser

Ananas in der Mitte längs und Kern entfernen. Schöpfkelle aus Obst,
Schneiden in 1 Zoll Chunks. Setzen Sie in eine große Schüssel. Brotmesser

Erdbeeren halbieren und Kiwi schälen und in Scheiben schneiden. Bananen in Scheiben geschnitten und hinzufügen, dass alle Früchte Rührschüssel. Rühren Sie in der Mitte der Kokosnuss. Füllen Sie Ananas-Hälften mit Obst-Mischung und oben mit restlichen Kokosnuss.

Entspannen Sie vor dem servieren.

Bananen-Boote

1 Banane

2 T-Nussbutter

2 T-Kokos

1 T-Müsli

Banane und Scheibe in zwei Hälften schälen längs. Nussmus auf jedem zu verbreiten
die Hälfte. Mit Kokosnuss und Müsli und servieren bestreuen.

Gemüse und Veggie-Säfte

Orientalische gebratene Zucchini

2 t Öl

2 T Wasser

1 Pfund Zucchini, in 2 Zoll Streifen geschnitten

1 Zwiebel, in Scheiben geschnitten

2 T-Soja-Sauce oder Bragg flüssige Aminos

Sprühen Sie die Pfanne mit Antihaft-Kochen-Spray. Hinzufügen von Öl, Wasser, Zucchini,
und Zwiebeln. Kochen Sie über hohen 5 Minuten, rühren bis Wasser
verdunstet. Mit Bragg bestreuen und servieren.

Reis mit Pilzen und Pistazien

2 T Öl

1/2 c gehackte Zwiebeln

1 1/3 c gewürfelt, frische Champignons

1/3 c geschält Pistazien

1 c-Basmati-Reis
1 1/2 c Wasser oder Gemüse Brühe
Das Öl in einem Topf erhitzen und die Zwiebeln hinzufügen. Kurz gesagt, Kochen Sie, rühren, bis welk. Fügen Sie die Pilze und Kochen, rühren, etwa 2 Minuten.
Nüsse, Reis und Brühe hinzufügen. Verrühren. Abdecken und 15 köcheln lassen
Minuten. 4 bis 6 Portionen macht.

Schütteln Sie N Bake Steak Frites
4 große Backkartoffeln
1 T-Olivenöl
1 T-Sesam
1/2 t Kreuzkümmel
1/4 t Knoblauchpulver
Heizen Sie über 425 Grad. Gischt große Backform mit Antihaft-
Spray. Kartoffeln schälen und längs in 3/4 Zoll Dicke Keile geschnitten.
Legen Sie alle Zutaten in große baggy und versiegeln. Schütteln Sie zusammen, bis
Kartoffeln sind auch beschichtet. Setzen Sie auf die Auflaufform und Kochen für 40 bis 45
Minuten oder bis die Kartoffeln weich und golden braun sind.

Kichererbse Veggie Dip
1/4 c-Tahina oder Sesam-Samen-einfügen
1/4 c frisch gepresstem Zitronensaft
1/3 bis 1/2 c warmen Wasser
1 Knoblauchzehe, gehackt
1 (16 oz) kann Bio Kichererbsen, abgetropft
1 T Bragg flüssige Aminos
Legen Sie alle Zutaten zusammen in der

Küchenmaschine. Mischung bis Sprung ist cremig, Zugabe von Wasser nach Bedarf. Servieren mit frisch geschnitten
Gemüse. Es ist auch gut mit Äpfeln.

Veggie-Combo
2 c Kartoffeln, in große Stücke geschnitten
1 c Pilze, in Scheiben geschnitten
1 c Tomaten, in Scheiben geschnitten
1 c Zucchini, in Scheiben geschnitten
1 c Blumenkohl, in Scheiben geschnitten
Brokkoli-Flowerets 1 c
Dampf-Kartoffeln, bis Sie weich. In einer großen Schüssel miteinander kombinieren
Gemüse. Machen Sie in einer separaten Schüssel einen Verband mit folgendem
Zutaten:
1/2 c Zitrone Saft
1/4 c gehackte Zwiebel
2 Knoblauchzehen, gehackt
1 t getrockneter oregano
1 t Bragg flüssige Aminos
Olivenöl 1/2 c
Verrühren Sie alle Zutaten und übergießen Sie Gemüse, rühren
sanft. Chill für 1 Stunde vor dem servieren für Aromen mischen.

Veggie Wrap
Vollkorn-tortilla
1 bis 2 T Kichererbse Veggie Dip
1 Karotte, geriebener
1/2 Tomate, in dünne Scheiben geschnitten
Salat
Setzte Kichererbse Veggie Dip für Tortilla, mit Salat.

Nach oben
mit Gemüse. Einrollen und genießen.

Knoblauch-Kartoffelpüree
6 mittelgroße Kartoffeln rot, geviertelt
4 Knoblauchzehen oder Knoblauch, geschält
2 T-Schnittlauch
Soja oder Reis-Milch
Non-Molkerei Butter-Ersatz
Bragg flüssige Aminos
Kochen Sie die Kartoffeln und Knoblauch zusammen, bis die Kartoffeln sehr sind
zart. Abfluss von Wasser und Brei-Kartoffeln und Knoblauch zusammen. Hinzufügen von Soja
Milch und Butter nach Geschmack ersetzen und rühren, bis cremig. Hinzufügen von Bragg
nach Geschmack.

Süßkartoffel-Überraschung
4 große Süßkartoffeln, gebacken
2 große Scheiben Ananas, gewürfelt
2 Marmelade T Erdbeere All-
2 T-Apfelsaft
Große Handvoll Rosinen
Nicht Milch Butter-Ersatz
Zerdrücken Sie Süßkartoffeln und fügen Sie Ananas hinzu. Rühren Sie in Gelee, Apfelsaft und
Rosinen. Im vorgeheizten Ofen bei 350 Grad 15 bis 20 Minuten backen.
Top mit Butter ersetzen.

Zertrümmerte Kartoffeln mit Squash
10 Kartoffeln Backen
2 c geschält und gehackt gelber Kürbis
Reismilch
Nicht Milch Butter-Ersatz

Braggs Liquid Aminos

Schälen Sie und Würfeln Sie, Kartoffeln. Platz in einem großen Topf mit Wasser bedecken und 10 Minuten kochen. Fügen Sie Squash und Kochen, bis Gemüse sind
zart. Abfluss von Wasser und Brei-Gemüse zusammen. Hinzufügen von Reismilch Butter-Ersatz und Bragg nach Geschmack.

Mariniertem Gemüse

2 c Brokkoli Blütchen
2 Karotten
1 c Zucchini, in Scheiben geschnitten
1 c Blumenkohlröschen

Möhren schälen und in Scheiben schneiden, in Kreisen oder Streichhölzern. Mix-Gemüse
Schale in miteinander mischen und beiseite stellen. In einer separaten Schüssel mischen
zusammen die folgenden Zutaten:

3 T Olivenöl extra vergine
1/2 t Knoblauchpulver
1 T frisch gepresster Zitronensaft
1 T Bragg flüssige Aminos
1 T italienischen Gewürz

Über das Gemüse Gießen und über Nacht chill für Aromen zu marinieren.

Picknick-Kartoffelsalat

4 c geschält und gehackt Kartoffeln
c 1/4 rote Paprika, gewürfelt
1 c Würfel Sellerie
1/4 c gehackte Zwiebel

Kartoffeln kochen und kühlen. Restliche Gemüse hinzufügen und beiseite stellen.
In einer separaten Schüssel statt;

1 T-Apfelessig
1 T Bragg flüssige Aminos
2 t-Senf
1 Avocado, püriert
1 T italienischen Gewürz
Zutaten verrühren und Kartoffel-Mischung übergießen. Toss zusammen
leicht und Easy vor dem servieren.

Grundlegende Karottensaft

Wir empfehlen nur Bio Karotten. Sie müssen nur sie spülen
und die Spitzen abgeschnitten. Schnitt die Stücke in Ju passen
Sie müssen nur sie spülen
und die Spitzen abgeschnitten. Schneiden Sie die Stücke in Saftpresse passen. Ein Pfund zu verarbeiten Karotten, etwa eine Portion (8 Unzen) Saft zu machen. Ein
Apple kann sein hinzugefügt, wenn ein süßer Saft gewünscht wird. Belastung vor
trinken.

Karotten-Spinat-Saft

4 große Karotten
2 Handvoll Spinat
Saftpresse durchziehen Sie Zutaten. Zuchtlinie Dies ist eine große Quelle von
Protein und Eisen.

Grüner Saft

4-5 große Karotten
1 großen Wirsingkohl-Blatt
1 Handvoll Löwenzahn Grüns
Saftpresse durchziehen Sie Zutaten. Zuchtlinie Kale ist eine große Quelle von

Kalzium.
Immunsystem-Booster # 1
4-5 große Karotten
Kleine Handvoll Petersilie
1 Knoblauchzehe
1 Apfel, entkernt
Saftpresse durchziehen Sie Zutaten. Zuchtlinie Die Petersilie sorgt für die
Knoblauch-Geruch und die Apple versüßt den Saft.

Immunsystem-Booster
6 große Karotten
2 Stangen Sellerie, geschnitten in 1" chunks
Handvoll Petersilie
2 Knoblauchzehen
Alle Zutaten durch Entsafter zu verarbeiten. Zuchtlinie Dies ist ein großer Saft zu
Abwehr von Erkältungen.
Tomaten Kühler
1 große Tomate, geviertelt
1/2 Gurke, in Streifen geschnitten
1 Stange Staudensellerie, in Stücke geschnitten
1 kleine Scheibe Limette
Laufen Sie alle Zutaten durch Entsafter und Belastung. Macht ein 8 Unze
dienen.

Wheatgrass Blend
3 große Möhren
1 Stange Staudensellerie, geschnitten in 1 Zoll chunks
1 Apfel, entkernt und geviertelt
1/2 Rüben mit den Spitzen
3 Handvoll Weizengras
1/2 Handvoll Petersilie
Prozess-Zutaten durch Entsafter und Belastung. Dies

ist eine große Energie
Booster.

Salate und Saucen

Altmodische Waldorfsalat

5 c Bio Äpfel, gehackt, Pellkartoffeln
2 1/2 c gehackte Sellerie
1 1/4 c gehackte Pekannüsse, Walnüsse oder Cashewnüsse
1/2 c-Soja-Mayonnaise
Salat-Blätter
Apple-Keile
Pekannuss-Hälften

Kombinieren Sie die ersten 4 Zutaten; sanft werfen zu beschichten und chill 1 bis 2 Stunden.
Löffel-Salat in eine Schüssel mit Salat gefüttert. Garnieren mit Apfel
Keile und Pekannuss-Hälften. 10 Portionen macht.

Sommer-Salat

1 c Gurke, gewürfelt
c 1/4 Zwiebel, gehackt
1 c Tomaten, gewürfelt

Mischen Sie alle Zutaten zusammen und Easy für 1 Stunde. Keine Notwendigkeit für Verband.

Spinat-Salat

Blattspinat
Rote Zwiebel, in Ringe geschnitten
Mandarinen

Füllen Sie für jeden Salat Teller mit Blattspinat. Top mit Zwiebelringen
und Mandarine Abschnitte. Streuen Sie leicht mit Mammas-Spinat-Salat
Ausbauarbeiten, kurz vor dem servieren.

Mammas-Spinat-Salat-Dressing
1/4 c-Apfelessig
1/4 c Öl
1/4 c Honig
1/4 c organischer Ketschup
1/2 rote Zwiebel, gerieben
1 T Bragg flüssige Aminos
Alle Zutaten vermischen und gründlich verrühren. Am besten, wenn vor gekühlt
dienen, so dass Aromen mischen. Rühren Sie wieder vor der Verwendung.

Griechischer Salat
Große Haufen romaine
2 Tomaten, gehackt
1 Gurke, gehackt
1/2 grüne Paprika, gehackt
5 Schalotten, gehackt
1 c zerbröckelte Tofu oder vegetarische Käse
12-16 schwarze Oliven
Alle Zutaten zusammen und servieren mit Balsamico-Salat-Dressing.
Balsamico-Salatsauce
2 T-Balsamico-Essig
1 Knoblauchzehe, gehackt
1/2 t ordonanz
1/3 c Olivenöl
Verrühren Sie alle Zutaten bis gut gemischt. Nutzung sofort oder Sie
kann es im Kühlschrank halten.

Grundöl und Essig-Dressing
3 c-Olivenöl
Apfelessig 1 c
4-6 Knoblauchzehen, gehackt

7-8 Zweige frischen Oregano oder 1 T trocken
Honig-2 T
1 t Bragg flüssige Aminos
Mischen Sie alle Zutaten zusammen mit einem Schneebesen. Speichern Sie im Kühlschrank.
Avocado-Salat-Dressing
Avocado 1/2 c in Scheiben geschnitten
1/2 bis 3/4 c Wasser
3 T Zitrone Saft
1/4 c Cashewnüsse, gehackt
1/4 t Knoblauchpulver
1 1/4 t Zwiebelpulver
1/2 t Bragg flüssige Aminos
Blend Zutaten zusammen in der Küchenmaschine glatt rühren. Speichern in Kühlschrank.

Salat im Glas

1 große Tomate
1/2 avocado
3 Stängel Sellerie
1 Karotte, in Scheiben geschnitten
4 Große Romaine-Blätter
1 t Bragg flüssige Aminos
Mischen Sie, Tomaten und Avocado in Vita-Mix oder Blender. Nummer(n) hinzufügen
Zutaten und die Mischung glatt rühren. Sie können dies aus einem Glas trinken.
oder in einer Schüssel als kalte Suppe Gießen. Es ist toll, mit Ihnen zu nehmen wenn
Sie haben keine Zeit, sich hinzusetzen und zu essen.
Soja-Mayonnaise
1/2 c-Soja-Milch-Pulver
3/4 c Wasser

1/2 t Bragg flüssige Aminos
1/8 t Knoblauchpulver
1 1/2 t Zwiebelpulver
2 T Zitrone Saft
1/4 bis 1/2 c Öl
Im Mixer auf langsame Geschwindigkeit bis glatt, Zutaten Sie alle außer
Zitronensaft und Öl. Weiter mischen und langsam Öl Gießen. Hinzufügen
genug für Mayonnaise zu verdicken. Entfernen von Mixer und unter Rühren in
Zitronensaft. Entspannen Sie vor dem servieren.

Hausgemachtes Ketchup
Bio Tomatenmark 1/2 c
2 T frischen Zitronensaft
1 T-Honig
1/4 t Zwiebelpulver
1/2 t Bragg flüssige Aminos
1/8 t Knoblauchpulver
1/8 t ordonanz
Mischen Sie alle Zutaten zusammen. Gewürze nach Geschmack justiert.
Drei Bohnensalat
1 1/2 c Kidney-Bohnen gekocht
1 1/2 c Garbanzo Bohnen gekocht
1 3/4 c gekochte grüne Bohnen
1/4 c Zwiebeln, gehackt
1/4 c Oliven, in Scheiben geschnitten
2 T-Piment, gewürfelt
1/4 c Zitrone Saft
1/4 c Wasser
Honig-3 T
1/2 t Zwiebelpulver

1/4 t Knoblauchpulver
1/2 t Bragg flüssige Aminos
Verrühren Sie in eine große Schüssel Gemüse. In einer kleinen Schüssel
Zitronensaft, Wasser und Gewürze zu kombinieren. Über das Gemüse Gießen
und gut mischen. Platz im Kühlschrank für mehrere Stunden, so dass Aromen
zum Marinieren. Macht 5 Tassen.

Knackigen Erbsen Salat
10 Unzen gefrorene Erbsen, aufgetaut
1 c Würfel Sellerie
1 c gehackte Blumenkohl
1/4 c gewürfelte Zwiebeln
1 c gehackte Cashew-Kerne
1/2 c-Soja-Mayonnaise
Spinat oder Romaine Blätter
Zutaten Sie alle außer Spinat. Chill doch. Wenn bereit um zu dienen,
Platzieren Sie frisch gewaschenen Spinat oder Romaine hinterlässt auf Platten und top
mit knackigen Erbsen Salat.

Guacamole
2 große Avocados, geschält und in Scheiben geschnitten
1 Tomate
1 T Zitrone Saft
1 T Bragg flüssige Aminos
1 Knoblauchzehe, gehackt
2 T-Zwiebel, gehackt
Avocado mit der Gabel zerdrücken und die restliche Zutaten hinzufügen. Macht eine
großer Sprung für blaue Mais-Chips.

Salsa
1 c Tomaten, geschält und gehackt
1 c grüne Paprika, gehackt
2 T-Zwiebel, gehackt
1 Knoblauchzehe, gehackt
1 t jeder: Basilikum, Oregano und Koriander
2 T Öl
Braggs Liquid Aminos
Verrühren Sie Gemüse in Rührschüssel. Entfernen Sie die Hälfte und in
Lebensmittel-Prozessor. Mischen Sie, bis glatt und wieder in die Rührschüssel. Hinzufügen
restliche Gewürze und Öl und gut mischen.
Entspannen Sie vor dem servieren.

Vor allem Hauptgerichte
California-Auflauf
1 c Reis
2 c Limabohnen, gekocht
1 c geschnittene Karotten
1/2 c frische Champignons
1 t-Currypulver
2 Gemüse Brühwürfel
1 c grüne Erbsen
1/2 c frischen Blumenkohl, in Scheiben geschnitten
1c gehackte Brokkoli
1 California avocado
Kombinieren Sie Reis, Limas, Karotten, Champignons, Curry-Pulver und bouillon
Würfel in 2-Quart-Kasserolle mit 3 Tassen Wasser; zum Kochen bringen; sanft
35 Minuten kochen. Fügen Sie hinzu, Erbsen, Blumenkohl und Brokkoli; 10 Kochen

Minuten länger. Löffel in die Schüssel servieren. Peel und Scheibe Avocado;
Ordnen Sie in sprach-Mode über Gemüse. 6 Portionen macht.

Leichtes-Chili

1 T-Olivenöl
c 1 1/2 Zwiebel, gehackt
1 1/2 c-Paprika, gehackt
2 Knoblauchzehen, fein gehackt
4 c gekocht Pinto-Bohnen
3 c gewürfelte Tomaten
Tomatenmark 6 oz
1 1/2 c Wasser
1 c frische Champignons, in Scheiben geschnitten
1 T-Chili-Pulver
1 1/2 t Kreuzkümmel
1 t-oregano

Gerösteten Zwiebeln, Paprika und Knoblauch in Olivenöl. Transfer zum crockpot
und die restliche Zutaten hinzufügen. Über niedrig für 1-2 Stunden kochen.

Vollkorn-Pizza

Kruste:
1 pkg. Trockenhefe
2 c Weizenvollkornmehl
1 1/4 c sehr warmen Wasser
1 t-Honig
2 T Öl
1 bis 1 1/2 c zusätzliche Weizenvollkornmehl

Kombinieren Sie in große Schüssel Hefe und 2 Tassen Mehl. In separaten
Schale, Wasser und Honig zu kombinieren. Mit Mixer bei niedrigen Drehzahl allmählich

Flüssigkeiten in die Mehlmischung zu schlagen. Erhöhung der Geschwindigkeit auf Mittel und schlagen Sie 2 Minuten, kratzen Schüssel. Genügend zusätzliche Mehl machen eine
steifen Teig. Schalten Sie Teig auf leicht bemehlten Oberfläche und kneten Sie, bis
glatt und elastisch, ca. 10 Minuten. In geölte Schüssel geben, dann einmal
und Abdeckung. Lassen Sie bis verdoppelt, etwa eine Stunde. Punch unten, Kluft
in zwei Kugeln. Platzieren Sie eine Kugel auf leicht bemehlten Oberfläche und roll
Teig in einen Kreis von 13 Zoll. Platzieren Sie auf leicht geölter 12inch Pizza Pfanne.
Mit dem restlichen Teig wiederholen. Backofen Sie auf 425 Grad.

Topping:
1 x15 oz Dose Tomatensoße
1 t Bragg flüssige Aminos
4 t-Basilikum
1 t-oregano
1/2 t Knoblauchpulver
1 c geschnittene Pilze
1 große Zwiebel, gehackt
2 Paprika, gehackt
2 T Öl
Veggie-Fetzen (vegetarische Käse)
Zutaten Sie in einer mittelgroßen Schüssel ersten 5. Verbreitung auf Teig innerhalb
1/2 Zoll des Randes. Top mit Gemüse. Nieselregen Sie 1 T Öl über jede
Pizza und etwa 30 bis 35 Minuten backen. Aus dem Ofen nehmen

und vegetarische Käse hinzufügen. Zurück zu Ofen nur bis der Käse geschmolzen ist.

Linsen-Reis-Auflauf

1 C ungekocht Linsen
1 C Reis ungekocht
4 1/2 c Wasser
1 große Zwiebel, gehackt
1/2 t curry
1 T Bragg flüssige Aminos
Veggie-Fetzen

Backofen Sie auf 350 Grad. Zutaten Sie alle (außer Veggie
Schreddert) in einem Ofen Beweis Kasserolle, Cover und 1 Stunde backen.
Mit Veggie-Fetzen (vegetarische Käse) am Tisch servieren.

Karens Nudelsalat

Kochen Sie 1 große Tasche Pesto gewürzt Vollkorn Nudeln. Spülen in kaltem
Wasser und hinzufügen:
2 gehackte Karotten
1/2 gelbe Paprika
1/2 rote Paprika
Kleine Dose olivenscheiben schwarze
1/2 Zucchini, gehackt
1/2 Gelb squash, gehackt

Dressing:
1 c Olivenöl extra vergine
1/3 c-Apfelessig
2 Knoblauchzehen, fein gehackt

Mischen Sie Ausbauarbeiten, zusammen und Gießen Gewünschter Betrag über Salat. Gut umrühren und Tauchen Sie in!

Mexikanische Pot Pie
1 1/4 c gehackte Paprika
1/4 c gehackte Zwiebel
2 t Öl
2 c gekocht Pinto-Bohnen
Tomatenmark 1 c
2 c Maiskörner (entzieht die Cob)
1 t-Chili-Pulver
2/3 c gelbes Maismehl
1 2/3 c Wasser
1 t Bragg flüssige Aminos
Backofen Sie auf 350 Grad. Anbraten, Paprika und Zwiebeln in Öl bis
zart. Rühren Sie in Bohnen, Tomatenmark, co
Mais und Chili-Pulver. Decken und
15 Minuten bei schwacher Hitze kochen. Gießen Sie in 8 "X 8" Backenwanne. Satz
beiseite.
Mischen Sie in separaten Topf Maismehl, Wasser und Bragg.
Kochen Sie bei schwacher Hitze unter ständigem Rühren ständig bis sehr dick, ca. 5
Minuten.
Bohne Mischung zu bilden eine Kruste Maismehl Brei verteilt. Bestreuen
Chili-Pulver über oberen Kruste. Backen Sie für 30 Minuten oder bis die Kruste ist
Sekt an den Rändern.

Fiesta-Reis-Auflauf
Salat:
1 c-Basmati-Reis
3/4 c Wasser
1 c frischen Mais

1/4 c Schwarze olivenscheiben
1/2 c: rote Zwiebel, rote Paprika, gelbe Paprika, orange Bell
Pfeffer und frischem Koriander
Dressing:
1 Knoblauchzehe, gehackt
1/4 c-Olivenöl
2-3-T gepresster frisch Limettensaft
1/2 t Kreuzkümmel

Bringen Sie Wasser und Reis zum Kochen, schalten Sie Hitze auf low und köcheln Sie 15
Minuten. Vom Herd nehmen und abkühlen. Fügen Sie Gemüse und
umrühren Sie gut.
Kombinieren Sie in einer kleinen Schüssel Dressing Zutaten. Über den Reis Gießen
Mischung und gut zu werfen. Für 4 Personen.

Sonnenblume-Mandel-Spread

1 1/2 c-Mandeln
1 1/2 c Sonnenblumen Samen
1 Karotte
1 Knoblauchzehe
1/2 rote Paprika, gehackt
1/4 c-Petersilie, gehackt
1/2 roter Zwiebel, gehackt

Platzieren von Mandeln und Sonnenblumenkerne mischen, Schüssel und Deckel mit
destilliertes Wasser. Abdecken und bei Raumtemperatur 6-12 Stunden einweichen lassen.
Abtropfen lassen. Ein S-Blade oder einen Entsafter mit einer Küchenmaschine mit der
Blank im Ort, die Mandeln, Samen, Karotte und Knoblauch zu verarbeiten. Rühren Sie

restlichen Zutaten in Sonnenblumen-Mischung.
Dressing:
4 große Tomaten
3 T Bragg flüssige aminos
2 T italienischen Gewürz
Mischen Sie die Zutaten im Mixer oder
Küchenmaschine. 1 Tasse Entfernen der
Dressing und Mischung in Sonnenblumen-Mandel zu verbreiten. Kühlen Sie mindestens
eine Stunde vor dem servieren. Restlichen Verband auf der Seite zu dienen.
Um zu dienen, Hügel Ausbreitung auf einem Bett aus Kopfsalat und servieren Dressing auf
auf der Seite. Dies kann auch als Topping für Bratkartoffeln oder als verwendet werden
Beilage.

Tabouli gefüllte Tomaten
1 c Bulgar Weizen
2 c destilliertes Wasser
1/2 c frische Petersilie, gehackt
1 T Bragg flüssige Aminos
2 große Tomaten, gehackt
1/2 c Schalotten, gehackt
1 T Olivenöl extra vergine
2 T-Frische Minze, gehackt
4 Tomaten
Eine Stunde Bulgar in destilliertem Wasser einweichen. Abtropfen lassen und trocken tupfen. Hinzufügen verbleibenden Zutaten (außer die 4 Tomaten) und gut mischen. Abdeckung
und im Kühlschrank mindestens eine Stunde lang. Haupt-Tomaten und Schaufel heraus genug Brei, eine

gut zu machen. Füllen Sie mit
Tabouli Mischung. Platzieren Sie auf einem Bett aus
Kopfsalat und servieren.

Rühren-braten Gemüse

2 T Öl
2 T Bragg flüssige Aminos
1/2 Zwiebel, in Scheiben geschnitten
1 rote Paprika, in Streifen geschnitten
2 Karotten, in Kreise geschnitten
1 t Kreuzkümmel
Gelb 1 c Squash, geschnitten in 1" chunks
1 c Zucchini, geschnitten in 1" chunks

Zwiebel anbraten, Paprika und Karotten im Olivenöl und Bragg bis
etwas zart. Kreuzkümmel, Squash und Zucchini hinzufügen und weiter
Kochen, bis die gewünschte Zärtlichkeit. Auf einem Bett von Basmati-Reis servieren.

Gerollte Hafer Burger

4 c destilliertes Wasser
4 c gerollt Hafer
1/2 c Bragg flüssige Aminos
1/2 c gehackte Karotten
1/2 c gehackte Zwiebeln
1/2 c gehackte Mandeln
1/2 c Sonnenblumen Samen
1 T italienischen Gewürz
2 t-Basilikum
2 t-oregano

Backofen Sie auf 350 Grad. Bringen Sie Wasser zum Kochen. Entfernen Sie aus
Erhitzen, Hafer und Bragg hinzufügen und 20 Minuten stehen lassen. Hinzufügen

verbleibenden Zutaten und gut mischen. Form der Mischung zu Pasteten und
setzen Sie auf ein Backblech Antihaft. Vorgeheizten Backofen ca. 20 Minuten
auf jeder Seite.

Couscous und rohe Gemüse
1/2 c vegetarische Brühe
1/2 c destilliertes Wasser
10 Unzen Paket von Kuskus
Brühe und Wasser zum Kochen bringen, Couscous und rühren. Decken und
vom Herd nehmen. 5 Minuten stehen lassen.
Aufzudecken und Gemüse hinzufügen.
Das Gemüse:
1/2 c Möhren, geschnitten, Streichhölzer
1/2 c Brokkoli Blütchen
1/4 c-Zucchini-Stücke
1/4 c-roter Pfeffer-Streifen
1/2 c grüne Zwiebeln, gehackt
1/2 c Blumenkohlröschen
1/4 c Gelbe squash, geschnitten
Der Verband:
Saft von 1/2 Zitrone
1/3 c Olivenöl
1/8 t gemahlener Kreuzkümmel
1/8 t curry
Prise Knoblauchpulver
1/3 c Pinienkerne (optional)
Mischen Sie alle Dressing Zutaten außer Pinienkernen. Werfen Sie mit Salat.
Kühlschrank mindestens eine Stunde für Aromen mischen. Garnitur mit Kiefer
Nüsse und servieren.

Ratatouille

3 T-Olivenöl
2 Knoblauchzehen, fein gehackt
1 rote Zwiebel, gehackt
1 Aubergine in 1 Zoll Würfel geschnitten
2 rote Paprika, gehackt
2 c geschnittene zucchini
2 c gewürfelte Tomaten
1 t-oregano
2 t-Basilikum

In einer großen Pfanne, anbraten Knoblauch und Zwiebeln in Olivenöl bis leicht zart.
Fügen Sie für ein paar Minuten Auberginen und roten pfeffern und anbraten.
Restliche Zutaten hinzufügen und Kochen bei schwacher Hitze abgedeckt, etwa 10
Minuten oder bis die Gemüse weich sind.
Auf Reis als eine Hauptmahlzeit servieren oder als Beilage verwendet werden.

Gefüllte Paprika

4 Paprika
2 c braun oder Basmati-Reis gekocht
1 können schwarze Bohnen, abgetropft
1 Zwiebel, gehackt
3 Ähren, (entzieht die Cob)
1 Dose Tomaten mit Chili
1 t Kreuzkümmel
1 t-Chili-Pulver
1/2 t ordonanz
1 1/2 c-Tomaten-sauce

Entfernen Sie Spitze und Samen aus Paprika machen eine Schüssel Form. Dampf
Paprika, bis etwas zart. Beiseite stellen. Vermischen Sie

die restliche Zutaten zusammen mit Ausnahme der Tomatensauce. Paprika mit Reis-Mischung füllen und
setzen Sie in geölte Kasserolle. Oben übergießen Sie Tomatensauce. Backen bei
für Ab 350 Grad
Grad für ca. 20 Minuten.

Arroz Con Frijoles (kubanische Reis und Bohnen)
2 c gekochte schwarze Schildkröte, Bohnen und ihre Flüssigkeit
4 T-Olivenöl
1 Paprika, in Scheiben geschnitten
1 große Zwiebel, gehackt
2 Knoblauchzehen, fein gehackt
3 c gekochter brauner Reis

Bohnen und Flüssigkeit leicht zerdrücken und Wärme bis heiß, dabei gelegentlich umrühren.
In einer großen Pfanne anbraten Gemüse in Öl, bis Sie weich. Kombinieren
Gemüse und Bohnen. Auf Reis servieren.

Brot und Getreide

Mammas Crunchy Granola Müsli
4 c gerollt Hafer
1/2 c geschreddert Kokos
1/2 c gehackte Nüsse (ich benutze Mandeln)
1/4 c-Sesam
1/2 c Honig
1/2 c Öl
1/2 c Rosinen

Backofen Sie auf 300 Grad. Mischen Sie alle Zutaten zusammen mit Ausnahme
Rosinen. Gleichmäßig auf ein Backblech und Backen für ca. 30

Minuten, unter ständigem Rühren gelegentlich oder goldgelb. Aus dem Ofen nehmen und Rosinen unterrühren.

Buds Kekse

1 Packung Hefe
1 c warmen Wasser
2 c Reismilch
3/4 c Öl
1/4 c Honig
Backpulver 1/4 t.
4 t. Backpulver
6 c Weizenvollkornmehl

Backofen Sie auf 450 Grad. Hefe in warmem Wasser auflösen. Hinzufügen
verbleibenden Zutaten und gut mischen. Keine Notwendigkeit, Aufstieg vor der Verwendung zu lassen.
Roll-Teig 1/2 Zoll dick auf bemehlten Fläche. Mit Keks-Cutter geschnitten
und auf ungefettete Backblech legen. 8-12 Minuten backen.

Schnelles Vollkornbrot

1 3/4 c Vollkornbrot Kernel
1 1/4 c Wasser
1 pkg. Hefe
1 T Öl
1 T-Honig

Mahlen Sie Weizen in Vita-Mix oder Kaffeemühle. Restliche Zutaten hinzufügen und
vermischen. Gießen Sie in geölte Laib Wanne. Lassen Sie ca. 30 Minuten zu steigen.
Bei 350 Grad 35-40 Minuten backen.

Müsli-Brot

Machen Sie schnelle Vollkornbrot ersetzen die Hälfte des Wassers mit Reis
oder Soja-Milch. Verwenden Sie für den Süßstoff statt Honig Melasse. Hinzufügen
gerieben 1/2 c-Müsli, 1/2 c Rosinen, 1/2 c Sonnenblume Samen und 2 T
Orangenschale. Backen Sie entsprechend den Anweisungen. Servieren Sie warm.

Urlaub-Cracker

Anstelle von Backen Cookies während der Ferienzeit machen Sie diese Spaß
Cracker geformt und Dekorieren mit Sesam, ungesüßt Kokos, Sonnenblumenkerne, Rosinen und andere Trockenfrüchte.
Machen Sie den Quick Vollkornbrot Rezept Teig. Ein wenig kneten
mehr Mehl. Roll-out des Teiges bis zu einer Dicke von 1/8" auf einem bemehlten
Oberfläche. In Quadrate schneiden Sie, oder verwenden Sie Spaß Ausstechformen geformt. Ordnen
Schließen Sie sich zusammen, aber nicht berühren, auf einem geölten Backblech. Mit stechen
Gabel und dekorieren, falls gewünscht. Backen Sie bei 350 Grad für ungefähr 10
Minuten, oder bis leicht brüniert. Cool auf Gestellen, in luftdicht verschlossenen speichern
Container.

Ezekiel Brot

2 Packungen mit Hefe in warmem Wasser 1/2 c
8 c Weizenvollkornmehl
4 c Gerstenmehl
2 c Sojamehl

1/2 c-Hirse-Mehl
1/4 c Roggenmehl
1 c gekocht und püriert Linsen
4 T-Honig
4-5 T Oliven Öl
1 1/2 c warmen Wasser
Lösen Sie Hefe im Wasser auf und lassen Sie sich für 10 Minuten. In separaten
Schale, Mehl verrühren und beiseite stellen. Mischung von Linsen, Honig, Öl und eine
kleine Menge Wasser in den Mixer, dann übertragen auf große Schüssel.
Linsen-Mischung verbleibenden Wasser und 2 Tassen gemischte Mehl hinzufügen.
Hefe-Mischung hinzufügen. Dann verbleibenden gemischte Mehl unterrühren. Setzen Sie auf bemehlten Fläche und kneten glatt rühren. Setzen Sie in geölte Schüssel. Lassen
bis verdoppelt. Schlag nach unten. Noch einmal kneten und Formen in vier
Laibe. Legen Sie in geölte Laib Pfannen. Lassen.
Backen Sie bei 375 Grad für
45 Minuten bis eine Stunde.

Zacharias Maisbrot

1/8 c Öl
1 c gelbes Maismehl
1 c Weizenvollkornmehl
1/4 c Honig
1 T Backpulver
1/2 bis 1 c Reismilch
Backofen Sie auf 425 Grad. Backen Sie ca. 15 Minuten in Natur geölt
Eisen Pfanne. Servieren Sie heiß mit Honig an der

Spitze!
Papa's roh Frühstücksflocken
8 c des Haferflocken
1 c gehackte Mandeln
1 c rohe Sonnenblumenkerne
1 c Öl
1 c Honig
Mix trockene Zutaten addieren, dann Öl und Honig. Cereal rühren
ist gleichmäßig beschichtet. Keine Notwendigkeit zu backen. Halten Sie im eng gedeckte Container.

Karotte Laib
2 1/2 bis 3 c Weizenvollkornmehl
1 Packung Hefe
Honig-2 T
1/2 t Piment
3/4 c sehr warmen Wasser
1 C geriebene Karotten
1/2 c gehackt, Rillenputz Termine
Kombinieren Sie in großen Schüssel 1 c Mehl, Hefe, Honig und Piment. Hinzufügen
Wasser, Zutaten zu trocknen; schlagen Sie 2 Minuten bei mittlerer Geschwindigkeit von elektrischen
Mixer, schabende Schüssel gelegentlich. 2 Minuten mit hoher Geschwindigkeit zu schlagen.
Unterrühren Sie mit einem Löffel Karotten, Datumsangaben und genügend restlichen Mehl machen Sie einen weichen Teig. Auf bemehlten Fläche durchkneten, bis glatt und
elastisch, etwa 4 bis 5 Minuten. In geölte Schüssel geben, was einmal Öl
Nach oben. Deckel; lassen Sie an warmen Ort bis groß, ca. 1 Stunde verdoppelt.

Lochen Sie Teig nach unten. Auf bemehlten Fläche Rolle Teig-7 x 12 Zoll;
dicht von kurzen Ende aufrollen. Prise Naht und enden versiegeln. Ort,
Naht Seite nach unten, in geöltem Laib Pfanne. Cover, lassen an warmen Ort bis
verdoppelt, ca. 1 Stunde. Backen bei 375 Grad für 30 Minuten oder
bis getan. Aus der Pfanne entfernen; cool auf Drahtzahnstange.

Quinoa Müsli
Spülen Sie 1 Tasse Quinoa. Platzieren Sie im Topf mit 2 Tassen Wasser. Bringen
aufkochen, Hitze reduzieren und 5 Minuten köcheln lassen. Fügen Sie 1/2 Tasse gehackte hinzu
Äpfel, 1/3 Tasse Rosinen, 1/2 Teelöffel Zimt und köcheln lassen, bis
Wasser absorbiert wird. Mit Honig nach Geschmack süßen.

Pita-Brot-Sandwich
Pita in zwei Hälften geschnitten und setzte mit Guacamole, Sonnenblume-Mandel
Verbreitung oder Kichererbse Veggie Dip. Linie
 Linie mit Romaine, Spinat oder andere
Grünen. Fülle mit geriebenen Karotten, gehackte Tomaten, Gurken, Frühlingszwiebeln,
Brokkoli, Blumenkohl und Rosenkohl. Top mit Veggie-Shredds
(zerfetztes vegetarische Käse).

Süßigkeiten und Leckereien
Mandelmilch
1 c Roh, geschält, Mandeln
4 c Wasser

2-4 T-Ahornsirup

Mahlen Sie in einem Mixer Mandeln, ein feines Essen. Fügen Sie 1 c des Wassers und
der Ahornsirup. Die Mischung wieder für 2 Minuten. Mit Blender auf
Fügen Sie hoch, verbleibende Wasser langsam. Mischung für 2 Minuten oder bis
cremige. Gießen Sie durch ein sehr feines Sieb oder Schicht Gaze.
Halten Sie im Kühlschrank in einem Glas oder einer luftdichten Krug.

Bananen-Milchshake

3 Bananen gefroren

1 c Mandel- oder Reis-Milch

1/2 t Vanille

1 T-Honig

1 c Eis

Legen Sie alle Zutaten in der Vita-Mix oder Blender und hoch bis zum Mischen
Dick. Wenn die Raumtemperatur Bananen zu verwenden, fügen Sie einfach mehr Eis. Macht 2 Portionen.

Trail Mix

1 c Rosinen

1/2 c rohe Mandeln

1/2 c rohe Cashewnüsse

1/2 c ungesüßt, zerfetztes Kokos

1/2 c Sonnenblumen Samen

1/2 c jede getrocknete Äpfel und Aprikosen, gewürfelt

1 c-Johannisbrot-chips

Kombinieren Sie in eine große Schüssel. Speichern Sie in Gläser dicht bedeckt. Wann
gebraucht, in einzelne kleine Plastiktüten packen. 5

1/2 Tassen zu machen.

Strawberry Shortcake
Shortcake Kekse:
1 2/3 c sehr warmen Wasser
Honig-3 T
1 c gerollt Hafer
1 c Mandeln
3 t Backpulver
2 1/3 c Weizenvollkornmehl
Legen Sie Honig in Schüssel mit warmem Wasser und unter Rühren auflösen. Beiseite stellen.
Legen Sie Hafer und Mandeln in der Küchenmaschine oder Mixer und Prozess
bis ein feines Essen. In Rührschüssel, trockene Zutaten zu kombinieren und dann hinzufügen
Honig und Wasser-Mischung. Verrühren Sie, bis leicht befeuchtet. Drop
von Löffel auf ein Antihaft Backblech. 15 bis 20 Minuten backen.
bei 400 Grad. Ca. 12 Kekse zu machen.
Füllung:
2 Pint Erdbeeren geschnitten
Topping:
1/2 c gehackte Mandeln
1 T-Ahornsirup
2 c Wasser
8 große Erdbeeren
1 gefrorene Banane
Platzieren Sie alle Zutaten im Mixer und vermischen Sie bis cremig.
Platzieren Sie um zu dienen, Keks, in eine Schüssel geben und mit geschnittenen Erdbeeren.

Richtfest und servieren übergießen.
Cookies
3 c Bio Termine, halbiert und entkernt
1 1/2 c ungesüßt, zerfetztes Kokos
Führen Sie Termine über einen Green Power oder Champion Juicer mit Blank in
Ort, um einen weichen Teig zu bilden.
(Küchenmaschine können). Nass Ihre
Händen zu Kugeln Formen und Rollen in Kokos. Eine Stunde vor Chill
dienen. Speichern Sie im Gefrierschrank oder Kühlschrank.
Ameisen auf einem Baumstamm
Stangen Staudensellerie
Mandel- oder Cashew butter
Rosinen
Brechen Sie Staudensellerie in zwei Hälften. Nussmus auf Sellerie zu verbreiten und zu dekorieren
mit Rosinen. Dies ist ein lustiges Vergnügen für Kinder zu machen.
Erdbeertorten
Torte-Verwaltungsshell:
1 Tasse gehackte Mandeln
1 c Termine, entkernt und in Scheiben geschnitten
1/2 t Vanille
Mandeln mit Wasser bedecken und bei Raumtemperatur für 4 bis einweichen lassen
12 Stunden. Lassen Sie gut abtropfen. Schleifen Sie in Küchenmaschine bis fein gehackt.
Termine und Vanille hinzufügen. Mischung gut.
Drücken Sie gleichmäßig in eine Torte Platte
Form der Shell.
Füllung:

8 große Erdbeeren
5 Termine, entkernt und in Scheiben geschnitten
2 Reife Bananen
1 T Zitrone Saft
2 Pint Erdbeeren, geviertelt
1/2 Pint Erdbeeren, halbiert
Mischen Sie die ersten 4 Zutaten in der Küchenmaschine bis gut vermischt. In Gießen Schale und fügen Sie die 2 Pint Erdbeeren mischen. Verrühren und
in Kreis-Schale gießen. Dekorieren Sie oben auf der Torte mit den restlichen Erdbeeren.
Chill, mindestens 1 Stunde vor dem servieren. Ich halte dies in den Gefrierschrank und Tauwetter etwas vor dem servieren. Ersetzen Sie für eine andere Torte, Heidelbeeren oder
Pfirsichen anstelle der Erdbeeren.

Snack-Genuss-Mix
1/2 c Rosinen
1/2 c rohe Kürbiskerne
1/2 c rohe Cashewnüsse
1/2 c-Johannisbrot-chips
1 c gebraten, ungesalzene Sojabohnen
1/2 c rohe Sonnenblumenkerne
Zutaten Sie alle in eine große Schüssel. Gespeichert in verschlossenen Behälter in Kühlschrank. Macht ein Pfund.

Obst-Quadrate
1 1/2 c gerollt Hafer
1/2 c Weizenvollkornmehl
3/4 c ungesüßte Kokos
1/2 c-Fruchtsaft
1 1/2-c, die Marmelade alle Obst

Backofen Sie auf 350 Grad. Mix, die trockene Zutaten zusammen, dann addieren
Saft. Rühren Sie nur bis befeuchtet. Etwas mehr als die Hälfte der Krume zu setzen
Mischung in eine geölte 5 "x 7" backen Näpfe und pat nach unten. Konfitueren zu verbreiten
über dieses und des Gipfels mit den übrigen Kruste. Klopfen Sie leicht nach unten. Vorgeheizten Backofen 40 Minuten.

Johannisbrot-Bälle
1/2 c Johannisbrotkernmehl
1/2 c Honig
1 c Mandel- oder Cashew butter
Ungesüßte Kokos
Verrühren Sie Johannisbrot und Honig bis gut gemischt. Rühren Sie Nussmus in
Diese Mischung. Nassen Händen und form zu Kugeln. Rollen Sie in Kokosnuss. Setzen Sie auf eine Platte und in den Gefrierschrank setzen. Kann gefroren oder kalt serviert werden. Speichern Sie in einer
Baggy in den Gefrierschrank.

Bananen-Eis
Reife Bananen schälen und Einfrieren für mehrere Stunden oder über Nacht. In einem
VITA-Mix oder Blender, platzieren Sie 3-4 Bananen und 1/2 bis 3/4 Tasse Flüssigkeit.
Sie können keine Obst-Saft oder Nuss-Milch.
Verbinden Sie sich auf eine langsame Geschwindigkeit.
Speichern Sie im Gefrierschrank.

Lieblings-Eis am Stiel
Eis am Stiel machen, verwenden Sie Ihr Lieblings-

Smoothie-Rezept und Gießen Sie in ein
Eis am Stiel-Fach. Sie können ein Eis-Fach ersetzen.
Gießen Sie die Mischung in das Fach,
eng mit Plastikfolie abdecken und Sack Löcher in
jedem Cube mit einem
Zahnstocher oder Popsicle Stick. Bis Firma fixieren.

Johannisbrot-Rinde

4 bis 5 c Johannisbrot-chips
1/2 c Mandel-butter
1 c geschnittene Mandeln
Johannisbrot-Chips leicht zu schmelzen, über
leicht bei schwacher Hitze in den Topf. Mandeln
unterrühren
Butter und weiter zu schmelzen. Rühren Sie in
Mandelschnitten bis gleichmäßig beschichtet.
Gießen Sie auf ein Backblech mit Antihaft-
pflanzlichen Spray besprüht. Lassen Sie
Cool bei Raumtemperatur oder Kühlschrank. Wenn
gehärtet, schneiden Sie in 1 Zoll
quadratische Stücke. Shop in luftdichten Behälter.

Golden-Makronen

1 C geriebene rohe Karotten, verpackt
1/2 c Wasser
1/3 c Honig
1 1/2 c geriebener Kokosnuss
1/2 c Weizenvollkornmehl
1/2 c-Hafer
1 t-Vanille
Mix trockene Zutaten fügen zusammen, dann die
restliche Zutaten. Lassen Sie sit
10 Minuten. In engen Kugeln Rollen und drop in
leicht geölter cookie
Blatt. Bei 325 Grad 30 Minuten backen.

Frische Obst Pizza
1 große 12 Zoll Vollkorn Pizza Kruste gebacken
1/2-c, die Marmelade alle Obst
Geschnittene Früchte: Kiwi, Pfirsiche, Äpfel, Erdbeeren, Mango, etc..
1/4 t-Zimt
Pizza-Kruste Marmelade verteilt. Arrangieren Sie geschnittene Früchte oben auf Marmelade.
Mit Zimt bestreuen. Warm, leicht in 350 Grad-Ofen für 15
Minuten.

Als Abwandlung ‚statt Reis Fladen Brot passt es auch mit Brötchen.

Beschreibung:
Poolish ist ein vermutlich von polnischen Einwanderern über Österreich nach Frankreich gebrachter Vorteig. Mehl und Wasser sind zu gleichen Anteilen enthalten (TA 200). Er trägt zum Hauptteig mit vielfältigen Aromen bei und fördert dessen Dehnbarkeit. Außerdem verbessert er die Rösche der Kruste und die Frischhaltung des Brotes.
Die Hefemenge liegt meist unter 1 % (häufig 0,1% der Mehlmenge). Die Reifezeit beträgt etwa 12-24 Stunden (Grundrezept: 100 g Weizenmehl, 100 g Wasser, 0,1 g Frischhefe, 12-20 Stunden bei 20°C).
Auch ein kühl geführter Poolish ist möglich. Dazu wird 1% Hefe zugegeben. Nach zwei Stunden bei Raumtemperatur reift der Vorteig 20-24 Stunden bei 4-6°C im Kühlschrank.
Die positiven Eigenschaften des Poolishs auf das Gebäck werden erreicht, wenn maximal 15-30% des Mehles im Vorteig Verwendung finden.

Üblicherweise wird der Poolish mit Weizen- oder Dinkelmehl hergestellt. Für eine noch röschere, zartere Kruste und frischere, feuchtere Krume mit ausgeprägtem Geschmack kann aber auch Roggenmehl in einem Poolish verarbeitet werden. Dazu wird lediglich die Wassermenge verdoppelt, da die Schleimstoffe (Pentosane) des Roggens deutlich mehr Wasser binden können.

Dinkel-Poolish sollte stets kalt (4-6°C) gelagert werden, um den Abbau der Klebereiweiße zu minimieren.

Die Poolish-Aromen sind in Gebäcken nur in den ersten vier Stunden nach dem Backen sensorisch wahrnehmbar.

Brötchen Rezept

Frühstücksbrötchen, Mohnbrötchen oder Sesambrötchen backen
Backzeit: ca. 25 Minuten
Kalorien pro Brötchen ca. 350 cal

Leckere helle Brötchen wie Frühstücksbrötchen, Mohnbrötchen, Sesambrötchen, oder Schrippen wie die Berliner sagen, kann man auch selber machen. Für Brötchen wie vom Bäcker verwendet man am besten das normale Weizenmehl Type 405. Dadurch gehen die Brötchen gut auf und werden schön locker und luftig.

Zutaten für 12 Brötchen

250 g = 250 ml lauwarmes Wasser
42 g frische Hefe (1 Würfel)
1/2 Teel. Zucker
500 g Weizenmehl Type 405
75 g Butter oder Margarine
1,5 Teel. Salz

Für Mohnbrötchen oder Sesambrötchen:
Mohn oder Sesam
Bei Belieben grobkörniges Salz und ganzer Kümmel
Frühstücksbrötchen backen:
Für den Brötchenteig die Hefe mit dem Zucker im lauwarmen Wasser auflösen. Das Mehl in eine Schüssel geben und die aufgelöste Hefe langsam auf die Mitte des Mehl gießen. Dabei mit einer Gabel mit einem Teil des Mehls einen dickflüssigen Vorteig rühren. Den Vorteig mit einem Tuch abdecken und 15 Minuten gehen lassen. Danach Butter oder Margarine und Salz dazugeben, und den Teig zu einem elastischen Brötchenteig kneten: Entweder 10 Minuten mit einer Küchenmaschine auf langsamster Stufe, oder 5 Minuten mit einem Hand-Rührgerät (Knetbesen) oder 5 Minuten von Hand. Dann den Brötchenteig 30 Minuten zugedeckt gehen lassen.Nun den Brötchenteig nochmals kurz durchkneten. Den Brötchenteig in 12 möglichst gleich große Stücke teilen, damit die Brötchen gleichmäßig backen. Dazu entweder den Teig zu einer Rolle formen und die Teigrolle in 12 gleiche Stücke schneiden, oder mit einer digitalen Küchenwaage 12 Brötchen mit jeweils 70 g abwiegen.Die Teigstücke entweder zwischen den Händen rund formen, oder besser, so wie beim Bäcker, die Brötchen rundwirken. Beim Rundwirken werden die Teigstücke zwischen der holen Handfläche und der Arbeitsfläche einige Male kreisförmig bewegt. Die Brötchen sollten dabei die Haftung auf der Arbeitsfläche nicht verlieren, so dass die Teig-Unterseite immer unten bleibt. Deshalb nur wenig Mehl auf die Arbeitsfläche streuen. Durch das Drehen wandert der Teig von der Brötchenoberfläche nach

unten. Das gibt den Brötchen Spannung, und die Brötchen behalten beim Backen eine schöne runde Form. Das Ganze hört sich etwas kompliziert an, ist aber mit ein wenig Übung ganz einfach. Bei youtube sehen sie hier wie das Rundwirken gemacht wird.Brötchen rundwirken   Schrippen rundwirkenWenn Sie Mohnbrötchen oder Sesambrötchen backen möchten: Tauchen Sie die Brötchenoberseite in eine Schüssel mit etwas lauwarmen Wasser (damit der Mohn oder der Sesam gut an den Brötchen haften bleibt). Geben Sie etwas Mohn oder Sesam in einen Teller. Dann wenden Sie darin die angefeuchtete Brötchen-Oberseite.Die Schrippen auf ein mit Backpapier ausgelegtes Backblech legen. Wenn Sie die Schrippen rundgewirkt haben, darauf achten, dass die Seite, die beim Rundwirken unten war, auch unten auf dem Backblech liegt. Die Schrippen mit einem Tuch abdecken und an einem warmen Ort ca. 45-60 Minuten gehen lassen, so lange bis sich die Größe etwa verdoppelt hat.Sesambrötchen MohnbrötchenFür Kümmelbrötchen die Brötchen erst direkt vor dem Backen mit einem Backpinsel leicht mit Wasser befeuchten und mit ein wenig grobkörnigem Salz und Kümmel bestreuen.In den auf 220 Grad Unter/Oberhitze gut vorgeheizten Backofen eine temperaturbeständige Schüssel mit ca. einer Tasse kochendem Wasser stellen. Der Wasserdampf hält die Brötchenoberfläche beim Backen feucht und verhindert so, dass die Oberfläche zu schnell fest wird und die Brötchen nicht so gut aufgehen. Die Brötchen im Ofen ca. 25-30 Minuten goldbraun backen. Dabei die Temperatur nach 5 Minuten auf 200 Grad senken.

Partybrötchen / Minibrötchen / Brotkonfekt

Backzeit: ca. 15 Minuten
Kalorien pro 100 g Partybrötchen ca. 250 cal
Ideal für Partys oder Grillabende: Leckere selbstgebackene Partybrötchen. Die Partybrötchen können je nach Belieben in Sesam, Mohn, Sonnenblumenkernen gewendet, oder mit Kümmel oder Reibekäse bestreut werden.Wir verwenden für die Partybrötchen nicht das normale Kuchenmehl Type 405, sondern ein helles Brotmehl Type 550, dadurch bekommen die Minibrötchen einen kräftigeren Geschmack.

Zutaten für ca. 1 kg Partybrötchen / 2 Backbleche:
Für den Vorteig:
130 g Weizenmehl Type 550
2 g frische Hefe (ca. 1 Fingerhut voll)
80 ml = 80 g kaltes Wasser
Für den Teig:
212 g Vorteig
640 g Weizenmehl Type 550
410 g = 410 ml lauwarmes Wasser
35 g frische Hefe
16 g Salz
Als Belag nach Belieben:
Sesam, Mohn, Sonnenblumenkerne, Kümmel, Reibekäse, Speckwürfel,
  Schwarzkümmel (das sind die schwarzen Pünktchen auf dem Dönerbrot).

Partybrötchen backen:
Für den Vorteig die Hefe im kalten Wasser auflösen

und mit dem Mehl von Hand zu einem Teig kneten. Den Vorteig abgedeckt in einer Schüssel über Nacht im Kühlschrank reifen lassen. Durch die lange Reifezeit können sich die Aromen entwickeln. Am nächsten Tag den Vorteig mit den anderen Teig-Zutaten zu einem geschmeidigen Teig kneten, entweder 10 Minuten lang auf langsamer Stufe in einer Küchenmaschine, oder 5 Minuten mit einem Hand-Rührgerät, oder 5 Minuten von Hand. Dann den Teig 45 Minuten an einem warmen Ort gehen lassen.

Partybrötchen schneiden   Partybrötchen-Beläge
Danach den Teig ca. 2 cm dick ausrollen und mit einem scharfen Messer in 3 cm breite Streifen schneiden. Diese Streifen dann in 4 cm lange Partybrötchen schneiden. Die Partybrötchen auf einer Seite in Wasser tunken und mit der nassen Seite in den Belägen wenden. Die Partybrötchen auf 2 Backbleche legen und 45 Minuten an einem warmen Ort gehen lassen.

Den Backofen auf 225 Grad vorheizen und das Brotkonfekt ca. 15-20 Minuten backen. Dabei die Temperatur nach 5 Minuten auf 200 Grad absenken.

Sauerteig herstellen

Man ganz einfach Sauerteig selber machen
Zubereitungszeit: ca. 15 Minuten über 4 Tage
Kalorien: ca. 1360 cal

Zum Backen von Brot mit hohem Roggenanteil verwendet man Sauerteig. Der Roggen hat im Gegensatz zum Weizen Enzyme, die verhindern, dass der Teig durch das bei der Gärung entstehende Kohlendioxyd aufgeht. Ohne Sauerteig würde Roggenbrot also klein und hart werden. Der Sauerteig gibt dem Roggenbrot außerdem den feinen

säuerlichen Geschmack.Man kann den Sauerteig kaufen oder man kann den Sauerteig recht einfach selber herstellen. Dazu setzt man einfach Roggenmehl mit Wasser an. Die im Mehl und in der Luft vorhandenen Milchsäurebakterien lassen die Mehlstärke zu Milchsäure vergären. Gleichzeitig findet im Sauerteig durch die ebenfalls vorhandenen Hefepilze eine alkoholische Gärung statt. Das dabei entstehende Kohlendioxyd lockert den Brotteig.Zum Sauerteig ansetzen vermengt man also Roggenmehl und Wasser, und lässt den Sauerteig bei möglichst warmer Temperatur einen Tag lang stehen, ideal sind etwa 25 Grad. An den folgenden 3 Tagen gibt man weiteres Roggenmehl und Wasser dazu. Der Teig fängt an zu gären, er bildet Blasen und bekommt einen säuerlichen Geruch. Am vierten Tag kann der Sauerteig dann zum Brot backen verwendet werden.Dabei sollte zuvor ein kleiner Teil des Sauerteigs für die Verwendung beim nächsten Backen zurückbehalten werden. Der Sauerteig kann im Kühlschrank etwa 2 Wochen aufbewahrt werden und wird dann als Starter für den neuen Sauerteig verwendet. Wenn Sie den Sauerteig länger aufbewahren möchten, sollten Sie ihn einmal pro Woche "füttern". Dazu verrühren Sie den Sauerteig einmal pro Woche mit 50 g Roggenmehl und 50 g kaltem Wasser.

Sauerteig ansetzten:
Sauerteig erster Tag Erster Tag:
100 g Roggenmehl und 100 g lauwarmes Wasser verrühren und den Sauerteig-Ansatz abgedeckt in einer ausreichend großen Schüssel (der Sauerteig geht stark auf) bei möglichst hoher Raumtemperatur stehen

lassen. Ideal sind etwa 25 Grad.

Sauerteig zweiter Tag Zweiter Tag:
Weitere 100 g Roggenmehl und 100 g lauwarmes Wasser hinzugeben und wieder einen Tag stehen lassen.

Sauerteig vierter Tag Dritter Tag:
Nochmals die gleichen Mengen Roggenmehl und Wasser hinzufügen und den Teig weiter warm stehen lassen.

Sauerteig vierter Tag Vierter Tag:
Und wieder die gleichen Mengen Roggenmehl und Wasser hinzufügen und den Teig warm stehen lassen. Der Sauerteig sollte kleine Bläschen gebildet haben und angenehm säuerlich riechen. Sollte der Teig aber unangenehm faulig riecht, so haben sich leider Fäulnisbakterien durchgesetzt, und der Teig muss entsorgt werden. In diesem Fall nicht verzagen und einen neuen Sauerteig ansetzen.

Die hergestellte Menge reicht für etwa 2 bis 3 kg Brot. Sie finden hier ein Sauerteigbrot-Rezept.

Sauerteig-Starter aufbewahren:
Vergessen Sie nicht, immer ein wenig von dem Sauerteig für das nächste Backen aufzubewahren, bevor Sie den Sauerteig für das Brot verwenden. Dazu geben Sie etwa 100 g Sauerteig abgedeckt in den Kühlschrank. So können Sie den Sauerteig etwa 2 Wochen aufbewahren. Wollen Sie den Teig länger aufbewahren, "füttern" sie den Teig einmal pro Woche mit 50 g Roggenmehl und 50 g kaltem Wasser.

Verwendung des Sauerteig-Starters:
Beim nächsten Backen vermengen Sie die 100 g Starter mit 400 Roggenmehl und 400 g lauwarmen Wasser, und lassen Sie den Sauerteig über Nacht

wieder bei möglichst warmer Temperatur stehen. Anschließend können Sie davon wieder 100 g Starter kühl stellen, und den Rest zum Backen verwenden.

Butterkuchen Rezept-Zuckerschmand

Butterkuchen vom Blech mit leckerem Zuckerschmand
Backzeit ca. 25 Minuten
Kalorien pro Butterkuchen-Stück ca. 220 cal bei 20 Stücken
Der Butterkuchen wird auch Zuckerkuchen genannt. Er ist ein Blechkuchen mit gehobelten Mandeln und wird gewöhnlich mit Hefeteig gebacken. Bei diesem Butterkuchen-Rezept werden die Mandeln in Butter, Zucker und Honig karamellisiert. Das gibt dem Butterkuchen einen ganz tollen Geschmack.An meinen ersten Butterkuchen kann ich mich noch gut erinnern. Der Bäckerin (ich sag jetzt nicht, wer es war) war leider eine größere Menge Eierschale in den Butterkuchen-Teig hineingeraten. Seither weiß ich, wie unangenehm es ist, auf Eierschalen zu kauen.
Zutaten für ein Back-Blech ca. 30*40 cm:
Für den Butterkuchen-Teig:
125 ml / 125 g lauwarme Milch
30 g frische Hefe
400 g Weizenmehl Type 405
75 g Zucker
1 Päckchen Vanillezucker
Prise Salz
2 Eier
75 g Butter (Zimmertemperatur)
Für den Butterkuchen-Belag

100 g Butter
1 Essl. Honig
75 g Zucker
3 Essl. Milch
100 g gehobelte Mandeln oder Zuckerschmand
Butterkuchen backen:
Für den Hefeteig die Hefe in der lauwarmen Milch auflösen. Mehl und Zucker in einer Schüssel mischen. In der Mitte eine Vertiefung bilden, die Hefe-Milch hinein gießen und dabei mit einer Gabel mit einem Teil des Mehls einen einen dünnen Vorteig rühren. Den Vorteig 15 Minuten gehen lassen. Dann 75 g Zucker, Vanillezucker, Salz, Eier und 75 g weiche Butter dazu geben und mit dem Hand-Rührgerät (Knethaken) in 5 Minuten einen Hefeteig kneten. Dann den Hefeteig 45 Minuten abgedeckt gehen lassen.Butterkuchenteig In der Zwischenzeit ein Back-Blech von ca. 30*40 cm mit hohem Rand mit Butter einfetten und den Butterkuchen-Belag vorbereiten. Dazu 100 g Butter, Honig, 75 g Zucker und die Milch in einem Topf 2 Minuten sprudelnd kochen. Dann die Mandeln dazu geben, umrühren und etwas abkühlen lassen.Wenn der Butterkuchen-Teig gegangen ist, den Teig mit etwas Mehl von Hand kurz durchkneten, ausrollen und auf das gefettete Blech legen. Der Teig sollte gleichmäßig dick sein, damit der Butterkuchen eben wird. Die Mandeln auf den Butterkuchen geben. Dazu zuerst kleine Portionen gleichmäßig auf dem Butterkuchen verteilen und dann einem Esslöffel glatt verstreichen. Dann den Butterkuchen nochmals etwa 20 Minuten gehen lassen.Den Butterkuchen im vorgeheizten Backofen bei 180 Grad Unter/Oberhitze oder 200 Grad Umluft etwa 25 Minuten backen. Der

Butterkuchen schmeckt am besten ganz frisch.

Pralinen Rezepte

Pralinen selber machen mit Marzipan- oder Nougatfüllung

Zubereitungszeit ca. 60 Minuten
Kalorien pro Praline ca. 90 cal
Mit diesem Rezept können Sie recht einfach Pralinen selber machen, und zwar Nougatpralinen oder Marzipanpralinen.
Für einen schönen farblichen Kontrast füllen wir bei den Nougat-Pralinen weiße Schokolade mit dunklen Nougat. In das Nougat geben wir Haselnuss-Krokant, dass gibt den Nougatpralinen einen schönen Biss.Bei den Marzipan-Pralinen wird dunkle Schokolade mit weißem Marzipan gefüllt. Das Marzipan können Sie zum Beispiel mit Kirschwasser oder Orangen-Likör verfeinern. Für die Marzipan-Pralinen können Sie nach Belieben Zartbitter-Kuvertüre oder Vollmilch-Kuvertüre verwenden.Die Kuvertüre wird temperiert, damit die fertigen Pralinen schön glänzen. Beim Temperieren wird die Kuvertüre im Wasserbad erst erwärmt, dann abgekühlt, und dann erneut leicht erwärmt. Durch Beigabe von ein wenig Kokosfett (zum Beispiel Palmin) wird die Schokolade dünnflüssiger.Pralinen Für die Pralinen Herstellung benötigen Sie eine Silikon-Pralinenform und einen Teigspachtel oder ein breites Messer zum Abstreifen der Schokolade auf der Silikonform. Zum Temperieren der Kuvertüre sollten Sie ein elektronisches (digitales) Küchenthermometer haben. Zum Schmelzen der Schokolade im Wasserbad eignet sich ein Schmelztopf. Die überschüssige Kuvertüre

gießen Sie auf Backpapier. Die Kuvertüre kann nach dem Erstarren wieder verwendet werden. Zum Füllen der Nougat-Pralinen eignet sich am besten ein Einweg-Spritzbeutel.

Zutaten für 15 Marzipanpralinen:

175 g dunkle Kuvertüre (Schokolade), Zartbitter oder Vollmilch

10 g / 2 Teel. Kokosfett, z.B. Palmin

100 g Rohmarzipan

25 g / 2 Essl. Puderzucker

1 Teel. Orangenschale oder 1 Essl. Kirschwasser oder Orangenlikör bei Belieben

Zutaten für 15 Nougat-Pralinen:

175 g weiße Kuvertüre,

10 g / 2 Teel. Kokosfett, z.B. Palmin

75 g Nougat

1 gehäufter Essl. Haselnuss-Krokant

Marzipan-Pralinen selber machen:

Die dunkle Kuvertüre zum Temperieren klein hacken und zusammen mit dem Kokosfett in einem etwa 70 Grad heißen Wasserbad unter Rühren auf 45 Grad erwärmen. Dann die Schokolade in einem zweiten, etwa 20 Grad warmen Wasserbad weiter rühren bis sie auf 28 Grad abgekühlt ist. Nun die Kuvertüre im warmen Wasserbad wieder erwärmen, aber nur auf 32 Grad Verarbeitungstemperatur, dabei stetig weiter rühren. Immer vorsichtig rühren, damit keine Luft in die Schokolade gerührt wird. Außerdem sorgfältig darauf achten, dass kein Wasser in die Schokolade gelangt, da die Schokolade sonst fest wird und nicht mehr verwendet werden kann.

Nun die Pralinen-Hohlkörper herstellen durch Füllen der Silikonform-Töpfchen mit Schokolade und

Ausgießen der überschüssigen Schokolade. Dazu zuerst die Töpfchen der Silikonform mit einem Tuch ausreiben, damit später keine Wasserflecken auf den Pralinen zu sehen sind. Die temperierte Kuvertüre in die Töpfchen gießen. Wenn die Töpfchen nicht ganz gefüllt sind, dann die Form auf ein Frühstücksbrettchen stellen und durch Drehen der Form die Töpfchenränder mit Schokolade benetzen. Nun die Pralinenform über einem Backpapier umdrehen, und so die Schokolade auf das Backpapier gießen. Die Schokolade auf der Oberseite der Pralinenform mit einem Teigschaber auf das Backpapier abstreifen, und die Pralinenform auf dem Brettchen etwa 30 Minuten in den Kühlschrank stellen, damit die Schokolade an den Töpfchen-Rändern fest wird.

Die Schokolade auf dem Backpapier leicht erstarren lassen und dann wieder in den Wasserbad-Topf zurück geben. Damit werden später die Pralinen vergossen.Den Puderzucker auf die Arbeitsfläche sieben und mit dem Marzipan von Hand verkneten. Dabei bei Belieben Orangenschale, Kirschwasser oder Rum unterkneten. Wenn die Schokolade in der Silikonform fest geworden ist, das Marzipan zu einer Rolle formen, kleine Stückchen abstechen, und zu Kugeln formen. Das Marzipan in die Töpfchen geben und leicht andrücken. Das Marzipan darf nicht aus den Töpfchen herausragen.Die restliche Kuvertüre nochmals temperieren wie oben beschrieben, und die Silikonform-Töpchen vollständig mit der Schokolade füllen. Die Silikonform auf dem Brettchen ein paar Mal auf die Arbeitsfläche klopfen, damit eventuell vorhanden Luftbläschen nach oben steigen. Die

überschüssige Schokolade mit dem Teigschaber wieder auf ein Backpapier abstreifen und die Pralinen im Kühlschrank etwa zwei Stunden fest werden lassen. Dann die Marzipan-Pralinen vorsichtig aus den Töpfchen herausdrücken. Die restliche Schokolade kann nach dem Erstarren verpackt, und später wieder verwendet werden.

Nougat-Pralinen selber machen:
Die weiße Kuvertüre zusammen mit dem Kokosfett temperieren wie oben beschrieben. Die weiße Schokolade aber nur auf 40 Grad erwärmen statt auf 45 Grad. Dann die Pralinen-Hohlkörper herstellen wie bei den Marzipan-Pralinen. Wenn die Schokolade in den Töpfchen erstarrt ist, die Nougat-Füllung herstellen. Dazu das Nougat in einem Topf vorsichtig unter Rühren leicht erwärmen bis es flüssig ist. Dann das Nougat mit dem Krokant verrühren und die Nougat-Füllung zum Beispiel mit einem Einweg-Spritzbeutel in die Pralinen-Hohlkörper gießen, jedoch nicht vollständig bis zum Rand. Die Pralinen wieder ein paar mal auf die Arbeitsfläche klopfen, um die Nougat-Füllung eben zu verteilen. Nun die restliche weiße Kuvertüre erneut temperieren und damit die Pralinen vollständig vergießen. Die überschüssige Schokolade mit einem Teigschaber abstreifen, und die Nougat-Pralinen im Kühlschrank fest werden lassen.
Pizzabrötchen Rezept

Pizzabrötchen mit Schmand und Fertigback-Brötchen

Backzeit: ca. 15 Minuten
Kalorien pro Pizzabrötchen ca. 130 cal
Diese leckeren Pizzabrötchen können Sie sehr gut vorbereiten. Sie eigen sich ideal für Partys, bei denen

man die Pizzabrötchen zu vorgerückter Stunde in den Ofen schiebt. Für die Pizzabrötchen eignen sich am besten die Brötchen zum Fertigbacken aus dem Supermarkt, die zusammen mit dem Pizzabrötchen-Belag knusprig gebacken werden.Die Pizzabrötchen werden zuerst mit Schmand bestrichen, dadurch werden sie schön saftig. Der Pizzabrötchen-Belag enthält Salami oder Schinken, Tomaten, Mais, und hartgekochte Eier. Eier auf den Pizzabrötchen hört sich etwas komisch an, schmeckt aber sehr lecker!

Zutaten für 12 halbe Pizzabrötchen:
  6 Brötchen zum Fertigbacken aus dem Supermarkt
  3 Eier
  75 g gekochter Schinken
  75 g Salami
  2 Tomaten
  1 Zwiebel
  2 Zehen Knoblauch bei Belieben
  1/3 Dose Mais, ca. 200 g
  Oregano oder Pizzagewürz
  Salz und Pfeffer
  3/4 Becher Schmand, 150 g
  150 g Reibekäse

Pizzabrötchen backen:
Die Eier in kochendem Wasser 6 Minuten hart kochen und dann in kaltem Wasser abschrecken.
Eier, Schinken, Salami und Tomaten in Würfel schneiden. Zwiebel in Viertelringe schneiden. Zusammen mit dem Mais in einer Schüssel verrühren und mit den Gewürzen abschmecken.Die Brötchen aufschneiden. Knoblauch klein schneiden. Knoblauch in den Schmand geben und den Schmand mit Salz und Pfeffer abschmecken. Die Brötchen mit dem Schmand

bestreichen. Dann den Pizzabrötchen-Belag auf den Brötchen verteilen und zuletzt den Reibekäse aufstreuen.

Die Brötchen auf ein Backblech legen und im vorgeheizten Backofen bei 190 Grad Umluft oder 210 Grad Unter/Oberhitze ca. 10 bis 15 Minuten backen. Die Pizzabrötchen heiß servieren.

Krusti

Kategorie Brötchen, Über Nacht Schlagwörter: nur mit Hefe, Poolish, Über-Nacht

Krustis Krustis sind Weizenbrötchen, die aufgrund ihrer Form im Ofen ungleichmäßig aufspringen und dadurch eine Menge leckere Kruste ausbilden. Das Formen der Brötchen ist sehr einfach und doch sehen sie wunderschön aus.

Ich habe meine Variante der Krustis mit einem ähnlichen Teig wie die die "Normalen Brötchen" gebacken. Durch den etwas höheren Fettanteil ist die Krume noch etwas weicher geworden. Ich nähere mich langsam meinem Idealbild von einem Brötchen, aber noch bin ich nicht da.

Durch den Poolish und die Tatsache, das der Teig über Nacht ganz langsam gehen darf, bekommen die Brötchen ein angenehm komplexes Aroma.

Diese Brötchen haben das Potential zum neuen Lieblins- Frühstücksbrötchen.

Krusti

ergibt etwa 18 Brötchen

Poolish

250g Mehl Type 550
250g Wasser
1g Hefe

Teig
gesamter Poolish
800g Mehl Type 550
40g Eiweiß (Eiweiß von 1 Ei Größe L)
85g Milch
300g Wasser
100g Butter
3g Hefe
20g Salz

Morgens: Die Zutaten für den Poolish miteinander verrühren und bei Raumtemperatur stehen lassen(ca. 12 bis 16 Std.).

Abends: Hefe im Wasser auflösen und mit Poolish, Mehl, Eiweiß, Milch und Salz für 5 min auf langsamer Stufe in der Küchenmaschine kneten.

Dann weiter 11 min auf mittlere Geschwindigkeit kneten.

Nun die Butter und weitere 2 min kneten, bis die Butter in den Teig aufgenommen wurden.

Über Nacht bei Raumtemperatur gehen lassen (ca. 8 – 10 Std.).

Am nächsten Morgen den Teig in etwa 100g schwere Stücke teilen und diese zu einem 30cm langen Band ausrollen. Das Band quer halbieren, überschüssiges Mehl entfernen, die beiden Stücke aufeinander legen und von der schmale Seite aufrollen. Mit dem Saum nach unten 60 min gehen lassen. Währenddessen den Backstein im Backofen auf 250°C aufheizen.

Die Brötchen umdrehen und bei 250°C für 30 min mit Dampf backen. Die letzten 10 min die Ofentür eine Spalt weit öffne, damit der Dampf abziehen kann.

Rezept Zubereitung
Brotteig

Wasser, Caro-Kaffee, Hefe und Zucker in den Mixtopf geschlossen geben 3 Min / 37° Grad / Stufe 1

Die restlichen Zutaten dazugeben und 5 Min / Teigstufe auf Teigstufe kneten.

Den Teig aus dem Mixtopf nehmen und einen großen oder zwei kleine Brotleibe formen.

Das Brot in einen Römertopf oder einfach eine Backform geben und mit Mehl bestäuben und einschneiden.

Das Brot mit geschlossenem Deckel und einem Geschirrtuch darüber eine halbe Stunde gehen lassen und dann mit Deckel in dem nicht vorgeheizten Backofen bei etwa 250° Grad Ober/ Unterhitze (jeder Ofen ist anders) 50-60 Min im Topf backen. Danach das Brot aus dem Topf nehmen und noch einige Minuten in den Backofen bis zur gewünschten Bräune nach backen.

Ich backe das Brot lieber ohne Römertopf, einfach in einer normalen, großen Backform. Diese beschmiere ich mit Backtrennmittel. Dann für 50 Minuten bei 200 Grad backen. Beim Backen im Römertopf oder Zaubermeister

Ganz wichtig !!!!!

Backen im Römertopf... den Römertopf nicht wässern nur fetten und bemehlen.

Hilfsmittel, die du benötigst

Spatel

Tipp

Wer es gesünder mag, kann problemlos 200g Vollkorn Dinkel Mehl nehmen, dafür nur noch 200g Dinkel Mehl 1050er!

Zum Formen der Laibe gebe ich Backtrennmittel auf

meine Hände, so bleibt kein Teig kleben.
Für alle, die das Spülen hinterher auch "eklig" finden: Den Thermomix und den Spatel lasse ich über Nacht mit Wasser und Spüli einweichen. Am nächsten Morgen gehen die Teigreste deutlich einfacher wegzuspülen als direkt nach dem Anrühren des Teigs!

Indisches Fladenbrot
Die einfachen, in der Pfanne gebratenen Brotfladen Chapatis gehören zu jedem indischen Essen unverzichtbar dazu. Zusätzliches Plus: sie sind schön wandelbar!
Zutaten
Salz
200 g Chapatimehl (Atta, ersatzweise Mehl Type 1050)
4 EL Ghee (nach Belieben)
Mehl zum Arbeiten
Anzahl Portionen
Für 8 Stück
Dauer
60 bis 90 min
Zubereitungszeit
30 bis 60 min
Region
Asien - Indien
Schwierigkeitsgrad
Einfach
Kalorien
130 kcal pro Portion
Art der Zubereitung
Aus der Pfanne
Menüfolge

Beilage
Gerichttyp
Brot & Brötchen
Verschiedenes
Cholesterinarm, Für Diabetiker, Gut vorzubereiten, Preiswert, Vegetarisch, Klassiker, Ohne Alkohol, Ohne Milch und Ei
Anzahl Portionen: Für 8 Stück
Zubereitungszeit: 30 Minuten
Dauer: 60 Minuten

Salz, 200 g Chapatimehl (Atta, ersatzweise Mehl Type 1050), 4 EL Ghee (nach Belieben), Mehl zum Arbeiten

Schritt 1
Ca. ½ TL Salz in 120 ml Wasser auflösen. Mit dem Mehl mischen und in etwa 5-7 Min. zu einem weichen, geschmeidigen Teig kneten (ist der Teig zu trocken, Wasser zugeben). In Klarsichtfolie wickeln und 30 Min. ruhen lassen.

Schritt 2
Aus dem Teig 8 Kugeln formen und auf bemehlter Arbeitsfläche nacheinander zu dünnen Fladen (ca. 20 cm {/o}) ausrollen.

Schritt 3
Eine flache Pfanne (am besten Gusseisen- oder Crêpes-Pfanne) so heiß wie möglich erhitzen. 1 Fladen einlegen, das Mehl vorher gut abreiben. Ca. 30 Sek. backen und wenden. Sobald sich der Fladen aufzublähen beginnt, mit einem Küchentuch herunterdrücken. Evtl. nochmals wenden – die Chapatis sollten braune Flecken haben. Aus der Pfanne nehmen und warm halten, nach Belieben mit flüssigem Ghee bestreichen – so werden die Fladen weich und elastisch.

Warum nimmt man ab, wenn man Kohlenhydrate reduziert?

Es gibt eine komplexe Wissenschaft hinter dem Geheimnis des Ab nehmens. Doch im Grunde gibt es drei Gründe, die gegen (zu viele) Kohlenhydrate sprechen.

1. „Du kommst hier nicht rein" – Zucker bleibt draußen

Nudeln, Brot und Süßigkeiten lassen unseren Blutzucker-Spiegel nach oben schießen. Bei manchen mehr, bei manchen weniger. Es kommt u.a. auf die Tageszeit an, wie viel Fett man zu der Mahlzeit isst oder davor gegessen hat und welche Veranlagung man hat. Der Blutzucker-Spiegel steigt jedoch deutlich heftiger als bei Proteinen oder Fett. Und warum ist das hinderlich fürs Abnehmen? Kohlenhydrate sind im Grunde Zucker. Zu viel Zucker möchte der Körper nicht in den Blutbahnen und schüttet Insulin aus. Insulin ist wie ein Schlüssel für unsere Zellen. Es öffnet die Zelle und winkt den Zucker hinein. Wird der Zucker nicht wieder mit genügend Sport/Bewegung in den Zellen verbrannt, wandelt sich dieser in Fett um. Voila, ein paar neue Rettungsringe kommen hinzu.

Die Lösung: Weniger Kohlenhydrate = weniger Zucker in den Blutbahnen = weniger Insulin = Herein winken des wenigen Zuckers in die Zellen = Energiegewinnung = Keine Umwandlung in Fett.

2. Ketose – Der Antrieb für Superhelden

Die Ketose ist ein Stoffwechselzustand bei der Zucker als erste Energiequelle für den Körper abgelöst wird. Heißt das wir müssen ganz viel Kaffee trinken, um die fehlende Energie von den Kohlenhydraten

auszugleichen? Nein, es gibt einen viel besseren Treibstoff: Fett. Wenn die Kohlenhydrate über ein paar Tage drastisch reduziert werden (unter 50 g/Tag), muss der Körper handeln und stellt quasi komplett auf Fettstoffwechsel (Lipolyse) um. Das bedeutet, dass er Fett vermehrt in Keton Körper umwandelt. Diese haben ordentlich Energie und versorgen Körper und Geist. Ach und wo nimmt er das Fett her – aus der Nahrung natürlich und aus deinen Fettzellen. Fett schmilzt und man fühlt sich energiegeladener. Wow!

3. Den kleinen Hunger verbannen

Was hat eine Serviette und ein Berg Nudeln gemeinsam? Sie haben ungefähr die gleiche Anzahl an Nährstoffen. Dein Körper weiß das und fordert nach dem Berg Nudeln gleich noch mal richtiges Essen. Es fehlt ihm schließlich an Vitaminen und Mineralstoffen. Doch diese sind nicht im Snickers oder Milchreis zu finden. Sie verursachen nur eins: Einen raschen Anstieg des Blutzuckers (siehe Punkt 1). Danach beginnt die Achterbahnfahrt: Der Blutzucker fällt steil hinab. Wie es sich anfühlt kennt jeder: „Ich brauche Essen. Jetzt! Egal was." So kommen meistens noch mehr Kohlenhydrate und schlechte Süß- und Fettbomben hinzu. Der Blutzucker-Spiegel schnellt wieder in die Höhe. Die Fahrt beginnt von vorne. Besonders Kinder leiden darunter. Sie werden zappelig, ohne etwas dafür zu können und bekommen mitunter Probleme in der Schule.Das bedeutet, dass man die Finger von zu viel Kohlenhydraten (auch in Form von Obst) lässt. Dafür lieber bei Fett und Protein zulangen und diese leckeren vegetarischen Rezepte ohne Kohlenhydrate ausprobieren.

Unsere 10 besten vegetarischen Rezepte ohne

Kohlenhydrate
Die besten Paleo Low Carb Rezepte ohne Fleisch.
Blumenkohl Risotto mit Pilzen und Zucchini
Blumenkohl Risotto mit Pilzen und Zucchini –
Einfach zu zu bereitet und passend zu vielen Fleisch-
oder Fischgerichten! Wenn man auf Getreide und
Kohlenhydrate verzichten möchte, ist Blumenkohl ein
willkommenes Gemüse. Gerieben erinnert die
Konsistenz an Reis und damit lässt sich so einiges
anstellen, wie wäre es zum Beispiel mit einer
Blumenkohl Paella?
Hier wird der Blumenkohl zu einem lecker herzhaften
Risotto mit Champignons und Zucchini zubereitet.
Blumenkohl Risotto
Ein typisches Reisgericht kreativ abgewandelt:
Blumenkohl Risotto.
Das Rezept: Blumenkohl Risotto mit Pilzen und
Zucchini
Für 2 Personen // Aktiv: 20 Minuten // Insgesamt:
20 Minuten
Zutaten
1 Zwiebel
1 Knoblauchzehe
1 kleiner Blumenkohlkopf
6 Champignons
1 kleine Zucchini
100 ml Knochenbrühe/Wasser
2 EL Schmalz/Talg/Ghee/Kokosöl
1 Prise(n) Meersalz
Zubereitung
Zuerst das Gemüse schneiden: Die Zwiebeln und die
Knoblauchzehe fein würfeln, die Zucchini grob
würfeln, die Pilze grob schneiden und den

Blumenkohl reiben.In dem Fett die Zwiebeln und den Knoblauch anschwitzen, dann das Ganze restlichen Gemüse dazugeben und dieses bei mittlerer bis hoher Hitze anrösten, dabei mit einer ordentlichen Prise Meersalz würzen.Wenn das Gemüse etwas Farbe bekommen hat, aber noch nicht duchgebraten ist, die Brühe oder das Wasser dazugeben, perfekt eignet sich Rinderbrühe. Unter Rühren das Ganze nun einköcheln lassen, bis alles gar ist und sich die Flüssgkeitsmenge minimiert hat.

Dazu passt
Kokos-Sesam-Hühnchen
Hackfleischbällchen mit Süßkartoffeln

Tipp
Auch toll mit mit gebratenem Speck, perfekt als herzhafte und gesunde Gemüsebeilage zu gebratenem Fleisch, Fisch oder gebratenen Spiegeleiern mit Bacon!

Blumenkohl-Risotto
Blumenkohl Risotto mit Pilzen – herzhaft lecker!
Natürlich kann man Blumenkohl-Reis nicht mit normalem Reis gleichsetzen, aber wenn man seine Kohlenhydrat zufuhr verringern möchte, aber Lust auf Risotto hat, ist dies eine tolle Alternative mit frischem Gemüse und gesunder Knochenbrühe, am besten frisch gekocht!

Huevos Rancheros mit Paprika-Chili-Salsa
Wir lieben mexikanisches Essen – die Huevos Rancheros sind der absolute Knaller! Das kann man den ganzen Tag lang essen, ob als herzhaftes Frühstück oder als sättigendes Mittagessen.

Huevos Rancheros
Eier, Avocados, Gemüse & Kräuter – Huevos Rancheros stecken voller Nährstoffe

Das Rezept: Huevos Rancheros mit Paprika-Chili-Salsa Für 2 Personen // Aktiv: 20 Minuten // Insgesamt: 20 Minuten

Nährwert pro Portion: 532 kcal // 24 g E // 35 g F // 30 g KH

Zutaten

1 Zwiebel
2 Knoblauchzehen
1 Paprikaschote (rot)
2 Tomaten
1 grüne Chilischote
1 EL Kokosöl
1 TL Salz
0.25 TL Pfeffer
0.5 TL Cayennepfeffer
100 ml Rinder - oder Hühnerbrühe
4 Eier
1 Avocado
1 Limette (Saft)
1 Handvoll frischer Koriander

Zubereitung

Die Zwiebel schälen und fein würfeln. Den Knoblauch abziehen und pressen. Die Paprikaschote waschen, von den Kernen befreien und in Würfel schneiden. Die Tomaten waschen, putzen und ebenfalls würfeln. Die Chilischote waschen, von den Kernen befreien und klein hacken.In einer großen Pfanne das Öl auf mittlerer Stufe erhitzen. Die Zwiebel Würfel, den Knoblauch und die Paprika Würfel darin etwa 4 Minuten unter Rühren braten. Dann die Tomaten Würfel und die Chilischote hinzugeben, Salz und Pfeffer darüber streuen und das Ganze 2 Minuten weiter braten.

Die Brühe angießen und alles kurz aufkochen lassen. Dann sofort die Hitze weg.
Die Avocado vom Kern befreien, schälen und in Scheiben schneiden. Die Scheiben sofort mit dem Limettensaft beträufeln, damit sie nicht braun werden.Zum Servieren die Salsa zusammen mit den Spiegeleiern und den Avocado-Scheiben auf 2 Tellern anrichten und bei Bedarf mit Salz und Pfeffer würzen. Den Koriander waschen, trocken schütteln, grob hacken und über die Huevos Rancheros streuen.

Dazu passt
Paleo-Puffer mit Süßkartoffel und Karotte
Süßkartoffel Taler

Tipp
Eine Flüssigkeit zu einer Soße einzukochen nennt man auch „reduzieren". Das geht nur ohne Deckel, weil dann der Dampf ungehindert entweichen kann.Bombastisch, diese Eier!Die Huevos Rancheros zeigen mal wieder, wie vielfältig einsetzbar Eier sind. Im diesem Fall sind sie die perfekte Ergänzung zu einem exotischen Gericht und liefern wichtige Fette und Proteine. Wohl bekommt's!

Rote Beete Blumenkohl Couscous
Blumenkohl gehört zu dem von uns am meisten gekochten Gemüse – er ist einfach unglaublich vielseitig. Ob als Blumenkohl Reis, Blumenkohl Püree, Blumenkohlauflauf oder Blumenkohl Risotto. Da war es Zeit, dass wir uns auch an ein Blumenkohl Couscous wagen. Das Besondere an diesem Blumenkohl Couscous Rezept: Durch eine ordentliche Portion Rote Beete bekommt es eine tolle Farbe und einen ganz besonders milden Geschmack. Das i-Tüpfelchen sind die Mandeln **Blumenkohl**

Couscous.
So vielfältig kann Gemüse sein: Blumenkohl Couscous
Das Rezept: Rote Beete Blumenkohl Couscous Für 3 Personen // Aktiv: 25 Minuten // Insgesamt: 25 Minuten

Zutaten
1 Blumenkohl
2 rote Beete (vorgekocht)
60 g Mandeln
1 Zwiebel
2 Knoblauchzehen
2 EL Essig-weiß
2 EL Olivenöl
1 EL Zitronensaft
2 Prise(n) Salz, Pfeffer
2 EL Ghee

Küchenzubehör
Küchenmaschine

Zubereitung
Blumenkohl in der Küchenmaschine zu Reis Größe verkleinern. Das klappt am Besten, wenn die Küchenmaschine immer maximal zu 1/3 gefüllt ist! Blumenkohl Reis beiseite stellen.Zwiebel und Knoblauch abziehen und hacken (funktioniert auch in der Küchenmaschine). Mandeln ebenfalls grob hacken.Eine rote Beete in der Küchenmaschine zu Brei pürieren. Die zweite rote Beete würfeln.In einer großen Pfanne Ghee erhitzen. Zwiebel und Knoblauch darin glasig an schwitzen. Blumenkohl Reis hinzufügen und alles gemeinsam andünsten. Dann rote Beete Püree und Würfel ebenfalls hinzugeben.Mandelsplitter unterheben und mit Essig, Öl, Salz und Pfeffer abschmecken.Dazu passt

Gefüllte Paprika

Tipp

Garniere das Couscous mit Mandeln oder auch frischen Kräutern.

Blumenkohl Couscous: gut als Beilage und Hauptgericht

Das Blumenkohl Couscous schmeckt nicht nur als Beilage, sondern auch ganz allein für sich sehr sehr lecker. Super Tipp für die Lunchbox!

Mediterraner Gemüseauflauf

Der Sommer schreit nach mediterranen Gerichten mit Kräutern aus der Provence, und was gibt es da praktischeres als ein mediterraner Gemüseauflauf, der sich vorbereiten lässt und toll für die Lunchbox funktioniert?

Der Auflauf ist zudem Low Carb, für die, die auf ihre Kohlenhydrat zufuhr achten!

Gemüseauflauf: mehr Gemüse und Genuss geht kaum.

Das Rezept: Mediterraner Gemüseauflauf

Für 4 Personen // Aktiv: 15 Minuten // Insgesamt: 60 Minuten Zutaten

1 Zucchini

1 Aubergine

8 getrocknete Tomaten

150 g Oliven, entkernt, gemischt

4 EL Olivenöl

2 Knoblauchzehen

1 rote Zwiebel, geschält

400 ml passierte Tomaten

3 EL Zitronensaft

1 EL Kräuter der Provence

1 TL Salz

Zubereitung

Die Auberginen und Zucchini in Scheiben und die Zwiebel in Ringe schneiden.Aus den passierten Tomaten, dem Zitronensaft, den getrockneten Tomaten, dem Olivenöl, den Kräutern und dem Knoblauch eine Sauce herstellen, am besten geht das mit dem Stab Mixer.Eine geeignete Auflaufform mit etwas Olivenöl einreiben. Die Auberginen - und Zucchini Scheiben abwechselnd aufeinanderschichten, dazwischen immer mal wieder ein paar Zwiebelringe und Oliven legen und etwas Sauce verreiben, obenauf auch etwas Sauce und ein paar Oliven verteilen.Das Ganze nun in den Backofen geben und bei 200° 90 Minuten gar werden lassen!

Dazu passt

Lachs-Zucchini-Röllchen
Hamburger mit Ananas

Tipp

Toll auch mit anderem Gemüse wie Möhren, Kartoffeln, Süßkartoffeln, roher roter Beete und und und… werdet kreativ!Mediterraner Gemüseauflauf – So schmeckt der Sommer!Perfekt für Grillabende mit Freunden als Beilage oder als leichter Lunch mit einem gebratenen Lachs Filet.

Sellerie Schnitzel mit Mandeln

Eines unserer Lieblings Basics wenn es schnell gehen muss: Das Sellerie Schnitzel. Ihr braucht dazu lediglich einen Knollensellerie, Mandelsplitter, Kokosfett und eine Pfanne. Was so simpel klingt ist super lecker. Der Sellerie verliert durch das Braten seinen herben Geschmack und das Ganze ist einfach nur genial. 10 Minuten – schon habt ihr ein leckeres Paleo Basic gezaubert. Dazu passen dann alle möglichen Salate –

oder einfach eine Avocado mit Zitronensaft. Das Paleo Leben kann wirklich einfach sein!

Das Rezept: Sellerie Schnitzel mit Mandeln

Für 4 Stück // Aktiv: 10 Minuten // Insgesamt: 10 Minuten

Zutaten

0.5 Knollensellerie
1 EL Kokosöl
50 g Mandelsplitter

Zubereitung

Knollensellerie schälen.Etwa 4 Scheiben mit jeweils ungefähr 1 cm Dicke vom Knollensellerie abschneiden. 1/2 Knollensellerie ergeben etwa 4 Sellerie Schnitzel.Mit dem Kokosöl von jeder Seite etwa 3 Min. in der Pfanne anbraten.Sellerie Schnitzel aus der Pfanne nehmen und ohne zusätzliches Öl die Mandeln nochmal kurz anrösten. Aufpassen – sie werden schnell zu braun!

Dazu passt

Salat mit Apfel-Himbeer-Dressing

Tipp

Mit Salz und Pfeffer nach Geschmack nachwürzen
Sellerie Schnitzel: Gehen immer!
Bei uns gibt es die leckeren Dinger immer wenn…
 …es schnell gehen muss
 …wir gern eine warme Beilage zum Salat hätten
 …noch Sellerie vom Suppe auskochen übrig ist

Zucchini Spaghetti

Dir fehlen Nudeln? Dann probiere doch mal die gesunden Zucchini Spaghetti als Beilage. Wir lieben die Zucchini Pasta zu Bolognese Sauce oder Zitronen-Knoblauch-Sauce und haben sogar schon mal eine Lasagne damit nachgestellt. Fest steht: Zucchini

Spaghetti liegen nicht schwer im Magen und machen kein schlechtes Gewissen. Alles was du brauchst ist ein Julienne Schäler – das ist ein Gemüse Schäler mit zackigen Klingen, mit denen du die Zucchini in feine Streifen weiterverarbeiten kannst.Da es bei uns ziemlich oft Zucchini Nudeln gibt, haben wir uns einen Spiralschneider gegönnt. Der ist zwar etwas teurer, aber dafür geht die „Nudel Produktion" auch schneller.

Das Rezept: Zucchini Spaghetti

Für 2 Personen // Aktiv: 10 Minuten // Insgesamt: 10 Minuten

Zutaten

2 Zucchini

Küchenzubehör

Julienne Schäler

Spiralschneider

Zubereitung

Die Enden der Zucchini abschneiden.Zucchini gut waschen. Schälen ist nicht nötig.

Mit dem Julienne Schäler dünne Zucchini Streifen schneiden. Mit dem Spiralschneider Zucchini durch Drehbewegungen in Streifen schneiden.Vor dem Servieren 30 Sekunden lang mit heißem Wasser duschen.Mit Lieblingssauce mischen und servieren.Dazu passt Zucchini Spaghetti mit Bolognese „Speziale"

Schoko Chili con Carne

Tipp

Die Zucchini Spaghetti nicht im kochenden Wasser aufkochen – sonst werden sie leicht matschig.

Zucchini Spaghetti: Schneller als Nudeln

Im Gegensatz zu Nudeln sind die Zucchini Spaghetti

schneller zubereitet, knackig frisch und richtig gesund. Lasst es euch schmecken!

Rosenkohl mit Fenchel

Da werden sogar Rosenkohl-Verweigerer schwach. Diese Kombination mit Fenchel nimmt dem umstrittenen Gemüse seinen dominanten Eigengeschmack.Das Rezept: Rosenkohl mit Fenchel Für 2 Personen // Aktiv: 10 Minuten // Insgesamt: 30 Minuten

Zutaten

200 g Rosenkohl (frisch oder tiefgekühlt)
0.5 Fenchel
1 EL Kokosöl
1 EL gehackte Fenchel-Spitzen (die oberen Sprossen, die wie Dill aussehen)
1 Prise(n) Salz und Pfeffer

Zubereitung

Ofen auf 180 Grad vorheizen.
Den (aufgetauten) Rosenkohl in Hälften schneiden. Dabei die Enden und die äußerste Blattschicht entfernen. Danach auf einem Backblech ausbreiten.Den Fenchel in dünne Streifen schnippeln und über den Rosenkohl geben. Alles mit Butter oder Öl überziehen.Jetzt die Fenchel-Spitzen darüber geben und mit Salz und Pfeffer würzen. Für 20 Minuten in den Ofen geben.

Dazu passt

Asiatische Burger
Curry Hackfleisch Auflauf
Der Rosenkohl mit Fenchel harmoniert überraschend gut!

Mediterrane Low Carb Pizza

Eine Low Carb Pizza – wie soll das denn gehen? Ganz

einfach: Mit einem Boden aus Auberginen und Leinsamen, und einem Zucchini-Tomaten Belag. Natürlich kann man die Low Carb Pizza nach Lust und Laune belegen, umso bunter umso schöner. Disclaimer: Knusprig wird der Boden nur, wenn die Flüssigkeit der Auberginen wirklich richtig gut ausgedrückt wurde. Aber auch wenn der Boden etwas feuchter bleibt, schmeckt die Low Carb Pizza immer noch sehr lecker, v.a wenn man sie vor dem Servieren noch mit Kräutern und einem Schuss Olivenöl beträufelt.

Das Rezept: Mediterrane Low Carb Pizza

Für 3 Personen // Aktiv: 40 Minuten // Insgesamt: 60 Minuten

Zutaten

4 Auberginen
100 g geschrotete Leinsamen
3 EL gemahlene Mandeln
3 EL Kokos Mehl
2 Eier
2 EL Olivenöl
1 grüne Zucchini
1 gelbe Zucchini
2 Tomaten
8 Champignons
10 EL passierte Tomaten
2 Prise(n) Salz, Pfeffer

Zubereitung

Auberginen schälen und entweder in der Küchenmaschine oder mit einer Gemüse Reibe raspeln. Etwa 1/3 von einer Aubergine für den Belag ganz lassen. Jetzt die Auberginen Raspel ein paar Minuten stehen lassen, damit sich die Flüssigkeit

sammelt. Dann so gut es geht auspressen. Dazu einfach die Raspeln portionsweise in die Hände nehmen und ausdrücken. Man kann auch ein Passiertuch zur Hilfe nehmen. Umso besser die Aubergine ausgedrückt ist, umso knuspriger wird der Pizza Boden. Die ausgedrückten Raspeln sollten etwa 500 g wiegen. Ofen auf 190 Grad vorheizen. In einer Schüssel die Aubergine, Leinsamen, gemahlene Mandeln, Kokos Mehl Eier, Olivenöl, Salz und Pfeffer zu einem Teig mischen. Ein Backblech mit Backpapier auslegen und den Teig gleichmäßig auf das Backpapier drücken. Blech für 20 Minuten in den Ofen schieben. In der Zwischenzeit das restliche Gemüse (restliche Aubergine, Zucchinis, Tomaten und Champignons) in Scheiben schneiden. Pizza Boden aus dem Ofen nehmen. Ein zweites Backpapier auflegen, ein zweites Blech auflegen und alles einmal umdrehen. Jetzt das obere Backpapier abziehen. So hat man den Teig schnell gewendet ohne dass er zerreißt. Passierte Tomaten auf dem Teig verteilen und die Gemüsescheiben nach Belieben auflegen. Für weitere 15 Minuten in den Ofen geben. Vor dem Servieren die Oberfläche mit Olivenöl beträufeln und kräftig mit Oregano, Salz und Pfeffer würzen.

Dazu passt
Avocado Salat mit Orange
Schnelle Zucchini Suppe

Tipp
Gut schmecken auch Artischocken auf der Pizza.
Low Carb Pizza: Saftig und würzig
Die Paleo Low Carb Pizza hat uns überzeugt: zwar wurde der Boden nicht komplett knusprig, aber die Konsistenz war trotzdem fest und unsere

Gemüseauswahl hat die Low Carb Pizza schön saftig werden lassen.

Apfel -Kimchi selber machen

Das Rezept: Apfel -Kimchi selber machen
Für 3 Liter // Aktiv: 20 Minuten // Insgesamt: 120 Minuten

Zutaten
1 Chinakohl
100 g Ingwer
3 Knoblauchzehen
70 ml Limettensaft
20 ml Fischsauce
6 Möhren
1 Boskop Apfel
5 EL scharfes Paprikapulver (z.B. Gochugaru aus Korea)
unbehandeltes Meersalz

Küchenzubehör
Fido Glas

Zubereitung
Den Kohl vierteln und in Streifen schneiden, dann 1-2 Stunden in eine große Schüssel mit kaltem Wasser legen und anschließend das Wasser abgießen. Die Möhren und Äpfel klein raspeln und zum Chinakohl dazugeben.Den Ingwer und Knoblauch mit der Fischsauce und dem Limettensaft pürieren und in die große Schüssel geben.Alles, was sich in der Schüssel befindet, nun abwiegen und dann 2% des Gewichtes in unbehandeltem Meersalz dazugeben (bei 1 Kg wären das z.B. 20g).

Das Ganze gut durchkneten, bis das Gemüse unter die Flüssigkeit, die sich ergibt, gedrückt werden kann. Das Kimchi Anschließend abfüllen oder frisch servieren,

siehe unten!
Dazu passt
Lachs Puffer-Thai Curry
Tipp
Das Kimchi kann entweder frisch gegessen werden, wird aber, wenn es fermentiert ist, noch leckerer und zugleich gesünder, da die Vitamine zugänglicher für unseren Körper werden. Zum fermentieren das Kimchi dann einfach in Bügelgläser füllen und darauf achten, dass das Glas nur zu etwa ¾ voll gemacht wird, weil das Gemüse während des Fermentier Vorgangs durch die Milchsäure gärung nach oben gedrückt wird, am besten stellt man das Glas auf einen Teller. Anschließend das Kimchi einfach stehen lassen, eher etwas kühler als zu heiß, ein Keller ist ideal.Geeignete Gläser gibt es zum Beispiel bei Ikea, am besten sind aber Qualitätsgläser von Fido oder Le Parfait! Nach 3-4 Wochen kann man das Kimchi nun in den Kühlschrank stellen, es ist nun einige Monate haltbar. Kimchi selber machen – kreativ mit Apfel Kimchi ist eine tolle, gesunde Zugabe zu fast jedem Hauptgang und fast unendlich haltbar. Der Apfel macht das Ganze noch ein wenig frischer als das ganz klassische, koreanische Kimchi.